中国式股权激励

胡禹成◎著

中国式股权激励，探索中前行

民主与建设出版社

·北京·

© 民主与建设出版社，2019

图书在版编目（CIP）数据

中国式股权激励 / 胡禹成著 . -- 北京 : 民主与建设出版社，2019.7

ISBN 978-7-5139-2586-0

Ⅰ.①中… Ⅱ.①胡… Ⅲ.①股份有限公司—企业管理—激励—研究—中国 Ⅳ.①F279.246

中国版本图书馆 CIP 数据核字（2019）第 176393 号

中国式股权激励
ZHONGGUOSHI GUQUAN JILI

出 版 人	李声笑
著 者	胡禹成
责任编辑	周佩芳
封面设计	回归线视觉传达
出版发行	民主与建设出版社有限责任公司
电 话	（010）59417747　59419778
社 址	北京市海淀区西三环中路10号望海楼E座7层
邮 编	100142
印 刷	三河市长城印刷有限公司
版 次	2019年10月第1版
印 次	2019年10月第1次印刷
开 本	710mm×1000mm　1/16
印 张	14
字 数	200千字
书 号	ISBN 978-7-5139-2586-0
定 价	48.00元

注：如有印、装质量问题，请与出版社联系。

前言
PREFACE

靠股权激励，六个核桃从亏损到营收百亿元

2018年，"六个核桃"的销售利润逼近100亿元。

2006年，"六个核桃"的销售利润接近零。

2004年，国企衡水老白干接手时，河北养元已经处于资不抵债的破产边缘。

1997年，河北养元成立伊始，"摆烂"就是主旋律。

"六个核桃"就是河北养元智汇饮品股份有限公司打造的一款核桃植物蛋白饮料，只不过奇迹开始之前，"六个核桃"还没有问世。

从零飙升到近100亿元，高成长的背后一定隐藏着"不可说的"秘密。这个秘密让河北养元仅依靠"六个核桃"这一个大单品就从植物蛋白饮料行业中成功突围。

秘密的操盘人是一群别人眼中的"乌合之众"。2004年9月，衡水老白干进行国企改革，"赔钱货"河北养元被要求改制。最终，94名员工中的58人成为第一批"养元人"，他们以309.49万元的价格买下了河北养元的国有股，自此国企变为私企。当即产生两个好处，衡水老白干甩掉了包袱，轻装上阵；职工成为企业的主人，开始给自己打工。

任何一个企业的发展与壮大，都离不开一个"万众一心"的团队为之恒定地贡献力量。养元团队在窘迫的状况下诞生，董事长姚奎章与57名员工成了合伙人关系。这57名合伙人中有仓库保管员、花木工人、文员、保安、司机、厨师等，出资从几百元到上万元不等。但不管多少，都是公司的股东，是企业的主人。

就是这样看似"乌合之众"的团队，在市场竞争激励、没有品牌优势的情况下，通过一系列销售策略和手段，在河北省饮料行业霸主露露集团的"围追堵截"之下，坚定地团结在一起，顽强拼搏，让"六个核桃"从研发到上市，呈火箭式蹿升。

2005年，养元"六个核桃"研发上市。

2006年，"养元"被评为"河北省著名商标"。

2007年，养元"六个核桃"被认定为"知名商品"。

2008年，"2009中国食品产业最具成长性企业"。

四年时间，一个濒临破产的小厂就变身为耀眼的大型企业。旗下最成功的品牌"六个核桃"已是家喻户晓，"经常用脑，多喝'六个核桃'"的产品理念深入人心。

彻底了解股权激励的威力后，姚奎章再次行动了，于2010年进行增资扩股，自然人股东数增加至86人。令人叫绝的是，增入股东中的20人，是《糖烟酒周刊》杂志的广告主任和各地销量最好的经销商。通过股权，姚奎章不仅将企业与员工绑定在一起，还将经销商与企业做了深度捆绑。

能够在破产边缘用股权搭建团队，让企业起死回生，根本在于员工身份的转变。过去为老板打工，如今为自己创业，心态变了，一切就都变了！员工与企业形成利益、事业与命运的共同体，员工可以掌握自己的命运，享受身份认同感和事业成就感。于是，继续做大事业，持续分享成绩，对未来获得报酬保持憧憬和动力。

仅此一个案例足以证明股权治理在企业经营中的重要性，然而非常遗憾的是，很多中国企业因为种种原因，要么缺乏正确认识，要么不清楚从何处重视，引发股权架构不明确、激励制度不完善的各类问题。

为中国企业开辟一条股权治理的兴业之路，这是我创作本书的初衷。毕竟仅靠短期培训、讲座，难以将股权所涉及的方面阐述全面，对此业内一些优秀培训师都深有同感。

为了让中国的企业家和创业者更加系统地理解和运用股权激励，我将股权激励中与中国企业更契合的部分总结并剥离出来，辅佐以中国企业三十几年中常见的股权方面的问题，形成这本全面的、深入的、结构的《中国式股权激励》。

目录
CONTENTS

第一章　顺应时代的中国式股权激励

1.1 中国企业处在深度转型期 / 2

1.2 深度剖析股权激励对国内企业的特殊作用 / 4

1.3 中国式股权激励的五个前提 / 9

1.4 股权结构是企业的"底层代码 + 顶层设计" / 11

1.5 用"九条生命线"部署合理股权架构 / 15

1.6 中国企业股权激励必须学会"科学切蛋糕" / 20

第二章　九要素框定股权激励的基本架构

2.1 确定企业股权激励的达成目标 / 26

2.2 制定股权有序进入和平稳退出的规则 / 31

2.3 股权激励，通常激励谁 / 39

2.4 选择激励类型要与"司"俱进 / 43

2.5 满足约束条件，解封激励限制 / 46

2.6 "分钱"之前为"钱"定价 / 49

2.7 股权激励总量与个量的分配 / 52

2.8 激励各环节的时间确认 / 58

2.9 股票和资金要合理合法 / 61

第三章　N种股权激励模式大起底

3.1 期股：先得股权，"多转少补" / 66

3.2 股票期权：看到收益再投资购股 / 68

3.3 业绩股票：推动激励对象冲上更高阶梯 / 70

3.4 账面价值增值权：以每股净资产作为参照的激励模式 / 73

3.5 员工持股计划：个人前途与企业利益绑定 / 75

3.6 虚拟股票：将所有权和收益权分离 / 78

3.7 股票增值权：以模拟股票认股权的方式获得 / 80

3.8 延迟支付：短期薪酬激励变更为长期股权激励 / 82

3.9 限制性股票计划：增强对激励对象的管控 / 84

3.10 管理层收购：普惠激励，实现经营者持股经营 / 86

3.11 干股：享有"终身制"分红权的股份 / 89

第四章　激励"组合拳"直击企业发展不同阶段

4.1 股权激励是一种"稀缺品" / 92

4.2 创业孵化期——运用合伙人制度吸纳一切资源 / 94

4.3 发展蜕变期——借鉴晋商的"身股"与"银股" / 96

4.4 成熟规范期——以激励大多数员工为基础 / 99

4.5 上市扩张期——利用资本的力量放大股权激励的效果 / 101

4.6 衰退再造期——运用股权激励带动企业改革 / 104

第五章　弹性股权方案，让不同激励对象准确落位

5.1 核心高管适配"1—3—5 阶梯"激励模式 / 108

5.2 "五连环法"锁定中基层骨干 / 110

5.3 在职分红让"普通绿叶"得以翻红 / 112

5.4 超额利润激励业务团队的拼劲 / 114

5.5 延迟分红稳定非业务团队军心 / 116

5.6 以虚拟股份让"未来之星"快速上位 / 118

5.7 给昔日功臣一把"滑翔伞" / 120

5.8 开放股权，实现上游有效供给 / 124

5.9 融合股权，打造下游利益体系 / 126

第六章　通过流程确保股权激励的顺利实施

6.1 建立内部监管体系 / 130

6.2 "6D 模式"起草方案 / 132

6.3 切合实际地设定考核条件 / 134

6.4 通过"两会"议决方案 / 136

6.5 在"第三只眼睛"监督下召开说明会 / 139

6.6 签协议，形成书面约定 / 140

6.7 信息披露"七节点——W-F-U-S-M-C-R" / 142

6.8 依据行权标准进行行权考核 / 144

6.9 转让登记、撤销、回购 / 146

第七章　与股权激励相关的配套机制

7.1 股权激励和绩效管理的目标一致性 / 150

7.2 在薪酬奖励的基础上增配股权，变"劳资对抗"为"劳资一体" / 152

7.3 以业绩考核决定配股资格，员工主动追求替代老板被动要求 / 155

7.4 股权激励同利润挂钩，从没有成本概念到自动控制成本 / 157

7.5 股权融资对接上游资本，套牢投资人 / 159

7.6 股权众筹链接下游力量，获得最广泛支持 / 165

第八章　风险控制，打破股权激励的"死亡规律"

8.1 股权激励的五个常见误区 / 172

8.2 严防中国企业的"面子思维"和"平均主义" / 176

8.3 六种降值股权结构阻碍融资 / 180

8.4 创始人股权被稀释后的命运——"净身出户" / 186

8.5 警惕股权激励机制中的"搭便车"现象 / 190

8.6 当股权激励成为"福利"…… / 193

8.7 法律财税风险与防范 / 195

第九章 从失败案例中总结的常见问题

9.1 考虑不周，涉面不够，股权激励事与愿违——苏宁 / 200

9.2 重压之下的跟风股改必遭败绩——中联重科 / 202

9.3 行权条件过松，管理层自谋福利——伊利 / 204

9.4 设计缺陷，激励计划且行且失败——万科 / 206

9.5 激励对象大变更导致激励瘫痪——朗姿 / 208

9.6 "造富梦"下的全员持股，激励和约束双输——乐视 / 210

第一章
顺应时代的中国式股权激励

顺时代者兴,逆时代者衰。中国企业有着特殊的时代背景和发展机会,在不断前行的路上,"中国式"是绕不开的标签,只有顺应中国整体经济发展的大趋势,企业的变革和创新才能顺利进行。"中国式股权激励"就是一种非常重要的"中国式",将影响到企业未来的走向。

1.1 中国企业处在深度转型期

中国经济经过几十年的高速发展，已处于发展的十字路口，是继续沿着当前的道路走下去，暂时舒服，却越走越窄；还是奔向不同的路径，虽然暂时痛苦，却越走越宽？其实，看一下英、法、德、美、日等国的发展模式，就会发现成功的经济体都保持着高度一致——选择从劳动密集型经济模式转型成创新开发型经济模式。

如今，我们已经来到了十字路口。有些企业已经率先进行了探索，并取得了成功；有些企业还在观望，谨防自己走错路。但事实上，大家早已形成一种共识，转型是发展的必然，而且是深度的和彻底的，所有与此相背离的企业都将被淘汰。

那些积极与时代并轨的企业，则能更好地抵御内部与外部的风险，包括对企业影响巨大的全球性经济危机。在资本经济兴起以来，世界一共发生了十四次重大的经济危机，而且随着经济发展进程的加快，将来危机发生的频率会越来越高，影响范围也将越来越广。

所以，促成企业的转型，是国内经济形势和实际经济大势的双重需要。当然，转型是困难的，但也是充满机遇和挑战的。但大部分企业尚未真正实现转型，仍将处在痛苦的状态中。只是不能任由痛苦蔓延，而要去接近和了解痛苦，然后"对症下药"，让痛苦彻底终结。

那么，痛苦的来源是什么？是来自外界的催动和自身的适应。

在中国，国有企业是脊梁，民营企业则是活力。民营企业活跃在经济的最末端、最一线，这个特征决定了民营企业最容易受到经济大趋势的波及。

经济膨胀时，它们最容易发展起来；经济收缩时，它们也是最容易受伤的群体。

世界经济形式一直在或隐或显地动荡着，中国经济也要随着动荡的浪潮发生着适应性的变革。中国的民营企业如同大潮冲击下的一艘艘船，无论是大型巨轮，还是一叶孤舟，都在大潮的裹挟下摇摆不停，唯一能平安渡过的机会就是实现彻底的转型，成为下一个经济时代的参与者，甚至是引领者。

当然，变革势必引发震荡，就会触及利益神经，痛苦也正是来源于此。现实中，有些企业是在经营不佳的状况下被迫转型，有些企业则是跟着其他企业的脚步顺势转型，但不论主动抑或被动，都将脱离原有的经营"舒适区"，深入到未知的经营领域和管理领域，企业将会因初期的难以适应而引发各种不利局面。

那么，企业又该如何应对这种变局呢？这就要看企业在转型过程中的作为，现实中很多中小企业因为经受不住转型压力而彻底失败的案例比比皆是，某些大型企业因为转型不利而彻底退出市场竞逐的也不鲜见。但无论如何，转型都势在必行。

转型是"涅槃重生"的机会，但也"危机重重"。我们需要将转型先锋企业的成功经验和失败教训加以提炼总结，最终融合成一套能够对企业转型起到关键助力的"真经"。

这套"真经"的第一卷就是股权激励。变革的发起者是人，变革的推行者也是人，变革的收益者还是人，而股权激励就是从"人"切入，然后以"人"带动全局，实现企业的全面转型和快速发展。

列宁说："堡垒最容易从内部攻克"，此言不虚。企业变革的最大阻力也正是来自内部，股权激励则能实现最快速、最省力、最彻底地瓦解这种阻碍。简单地说，公司既要给有贡献的员工面包——薪资、奖金和福利，还要给他们"爱情"——愿景、前途、情怀。也就是短期经济保障与长期经济保障并行，让员工能高热情、高质量地工作，也能深切地、恒久地爱上企业。

总之，企业实施股权激励，是这个时代的必需。任何环境下，都只有产业的新陈代谢，没有帝国的夕阳。企业能否长久伫立，最终的决定权不在外部环境，而在内部结构。

1.2 深度剖析股权激励对国内企业的特殊作用

在1.1节中，我们着重阐述了中国企业面临的状况。通过具体分析，可以看到，企业的转型是必须的，而转型的第一步就是实现股权激励计划。

那么，为什么要将股权激励放在变革的第一位呢？用一句话概括，就是"股权激励是企业的底层代码"，是最基本的运行保障。

其实，很多企业经营者想要给企业配套股权激励机制，不是因为想要转型，而是因为在经营中遇到了问题，比如，追随企业多年的核心元老已露疲态；难以吸引到能助力企业发展的高级人才；自己的人才队伍时刻面临竞争对手挖墙脚。

所有这一切的祸首都是股权导致的：核心元老因为股权在手，没有了打拼的动力；只谈工资，不谈股权，外部人才当然不愿来当阶段性贡献者；一份股权承诺就成为竞争对手强挖人才的最大筹码。

上述这些问题是企业发展到一定阶段必然出现的负面现象。要想根除这些问题，股权激励是不可忽视的方法。而就中国企业的现状来说，股权激励更是有着特殊的作用。具体可以概括为四点：

第一，股权激励能扩大管理半径，并完善管理体系。

我国的现代化建设进程晚于欧美国家很多年，相应的对于企业的经营管理措施也相对滞后，导致一些企业在经营中出现很多问题。最典型的状况就是只拿工资、奖金而不持股的管理人员和员工，在责任心方面有所缺失，不能自觉地、全身心地投入工作中。非股东的思维一定是围绕着个人或所在部门，目的是让自己的利益能够最大化。

关注个人利益，是人之常情，并不是什么过错，与其强行扭转，不如主动引导，在管理制度无法触及的领域，配套激励制度进行半径延伸。

这是将激励引入管理后的新管理制度与旧管理制度间的本质差异。旧管理制度只能解决劳动生产效率的问题，而新管理制度解决的是以责任心驱动工作状态的问题。

不要将股权激励同其他激励模式混淆，工作本身、得到认可、取得成就、负责心态等都是激励的元素，都能对员工起到激励作用，但只有股权层面的激励，才是根本性激励。因为这是利益的关联，触及了人的本性。有了长久的利益做驱动器，员工自然愿意去思考企业的长久发展而非短期回报……

正如美国管理学大师亨利·明茨伯格所说："只有在股权层面实现对企业的掌控，才能真正牢牢把握对企业的控制权。"

第二，股权激励是管理工作者最直接、最高效的武器。

经过几十年的高速发展，我国的企业从需要大量基础性人才，到如今急需高素质、高学历、高知识、高能力的中高端人才，而这些人才都可以统称为知识工作者。著名管理学大师彼得·德鲁克在几十年前就提出过一个观点："人是企业最大的资产，现在的员工都是知识工作者，每个人都可以是'管理者'，因此所谓的管理，本质上应该是服务，企业管理者最大的责任是让员工发挥最大的主观能动性。"

与过往的体力劳动和销售业绩等不同的是，智力劳动很难监管、考核，更不要想去衡量工作产出和创造的价值。其实，无论从企业的角度还是员工个人的角度来看，最理想的状态都是知识工作者能够发自内心地认真工作，将企业当作自己的来经营，形成自组织、自驱动、自激励的管理模式，最终形成自管理状态。

某公司如今就达到了自管理状态，其管理者说："方案（股权激励）推行下去之后，我现在就是四处走走，考察项目，学习经验，公司那摊事基本不用我管了。日常经营中的问题在总监、分管副总的层面基本上就都能解决好了，除非是非常重要的事情，否则我都没有'参与机会了'，哈哈……"

可见，股权激励就是帮助企业实现自管理状态的有效工具。通过股权激励，用股权绑定高管和骨干的利益，企业自然就能流畅地运转起来。该企业的情况并不是个例，当下我国多数企业都面临管理转型的问题，不妨用股权激励这一武器激发员工动能、打破发展瓶颈。

第三，股权激励助力企业管理走向赋能式组织结构。

阿里巴巴副总裁曾鸣在为《重新定义公司——谷歌是如何运营的》一书作序时曾说："未来组织最重要的功能是赋能。"

赋能式组织结构对于近些年兴起的高科技类创意型企业更加适配，但这类企业在我国企业总量中占据少数，不过这类企业中绝大多数在初创期就已经开始配套股权激励制度。而对于处在由传统行业向现代服务业转型升级过程中的企业，它们几乎不可能在创业初期就施行股权激励，但在发展过程中股权激励仍是最有效的激励机制。

> 吉林省四平市汇丰连锁医药公司成立于2014年，从一家独立门店发展到现在的近百家连锁门店，其中仅在2018—2019年的一年多时间里，就新开店及并购门店五十余家，实现了野兽式扩张。能取得这样的成绩，与北京融创上层企业管理顾问公司胡禹成老师的指导分不开。
>
> 公司成立初期，主要是创立者周慧丰及其家族亲戚来管理。虽然一度发展的不错，但随着公司规模发展，门店及员工增多，发展进入瓶颈，出现了门店依然增加但利润下滑的局面。痛定思痛，周慧丰决定效仿合伙人机制对公司进行全面改革。正是在这种情况下，胡禹成老师的团队开始着手帮助汇丰医药进行改革。
>
> 首先，门店实行区域化管理，将原有的店长提升为区域经理。
>
> 其次，通过统一标准考核并选拔出七名业绩最好的区域经理，成为汇丰的首批合伙人。
>
> 最后，合伙人投资所管理门店的股份，享有自己管辖门店的收益。

这样做的好处是，原本只有老板一人关注利润，现在所有公司的合伙人也关注利润。而且，区域经理身处第一线，显然比老板更了解门店的情况，合伙人制度调动起了他们的积极性，门店的经营状况立即有了改善，平均提升幅度达到20%，所有店面都实现了盈利。除此之外还有更为重要的一点，门店的运营及管理由区域经理去解决，老板只负责公司的战略定位和收益分配，真正解放了老板。公司管理形成了赋能式组织结构的基本架构。

但这只是汇丰合伙人计划的第一步，接下来要将合伙人计划推广到门店店长和行政管理人员，真正做到公司管理层就是企业合伙人的局面。用股权留住管理层的人和他们的心，发挥管理层在公司的最大能动性。如此一来，公司管理就形成了赋能式组织结构的整体架构。

图1-1 汇丰连锁医药公司董事长及爱人和胡禹成老师合影留念

企业在配套股权激励机制时，赋能式组织是必须要考虑的发展方向，但在面向未来的同时，必须脚踏实地做好现阶段激励机制的设计工作。未来，股权激励将成为企业标配，现在着手为企业配套股权激励机制在我国仍算走在前列。

第四，股权激励是并购整合、加快业务融合的重要手段。

你知道"七七定律"吗？如果你不知道，那么投资业内的人一定会知道，由两个70%构成。在跨国并购中，70%的并购没有实现预期的商业价值，而这其中又有70%失败于并购后的整合。我国的并购案也基本遵循这一规律，也就是说并购整合成功是小概率事件。

但成功的并购又是企业持续成长的极重要手段之一。诺贝尔经济学奖得主、美国著名经济学家约瑟夫·斯蒂格利茨说："纵观美国大企业的成长历史，没有一家企业不是通过并购重组的手段发展起来的。"

纵使并购整合的成功率不尽如人意，但它依然是一股不可逆的商业潮流。身处其中的中国企业，只要内部实力、条件和外部环境、制度允许，都会积极加入并购行列，以致我国并购市场的规模连创历史新高。

既然并购对企业来说如此重要，就要想办法把小概率事件反转成大概率事件。毫无疑问，用股权激励提升并购后整合的成功率，值得探索和尝试。

A是一家传统企业，收购了互联网公司B。A公司经董事会决定随即推出两大举措：一是为B公司配套线下资源；二是为B公司配套股权激励机制。并购完成之后，B公司在整合阶段运行良好，发展迅速，季度、年度业绩均远超预期。

为什么A公司对B公司的并购能如此成功？

答案就在于股权激励机制。因为将B公司的员工个人利益与公司绑定在一起，员工在思考问题时，都是站在公司发展的长远角度。

就如同案例中的A企业一样，如今已有不少企业管理者开始将股权激励作为提升并购整合成功率、加快存量增量业务融合的重要手段。

1.3 中国式股权激励的五个前提

相对于国外的经济情况，我国的经济情况还有其自身的特殊性。因此，为了在实施股权激励时能产生理想的激励效果，除了选择适合公司发展的模式外，还要充分考虑中国企业自身的特点，以及中国管理者经营企业的独特心理。下面，有五个前提需要注意：

第一，宜未雨而绸缪，勿临渴而掘井。

这个世界上没有任何一种方法是永远有效的，无论在任何领域、解决任何问题，这句话都是真理。股权激励也同样适用。

但中国的很多企业管理者却总是信奉"一招鲜吃遍天"的管理模式，只要尝到一种股权管理模式的好处后，就不愿意再改变。但股权激励不是任何时候都能吸引员工的目光。当员工对企业的管理水平或经营水平失去信心后，就会对企业的前景感到悲观，股权激励此时对于员工来说是风险大于收益，员工很难真心接受。

因此，不能在不得不改时甚至改已无意义时才进行股权激励的改革。企业的正确发展路线是，持续地改进管理水平。在盈利和发展都可观的时候，及时进行股权激励或改进现有的股权激励，让员工既能共担风险，也有机会共享利润，如此才能提升企业战斗力，实现跳跃式发展。

第二，诚信的公司文化是股权激励的基石。

股权激励能够顺利施行的重要前提是什么？即便你给出很多答案，但只要没有诚信，那么答案就不是正确的。

诚信是企业经营发展的根本。不论对内还是对外，只要诚信在，企业即便遭遇困境也是可以继续走下去的。因为企业是否诚信关系到员工对企业的信任程度,如果失去了员工的信任,员工当然不愿意跟企业站在一条利益战线上,多么精彩的股权激励都无法催热员工不信任的心,激励效果自然不会好。因此,企业一定要守住诚信的底线,也是为企业的将来留下最后的堡垒。

第三,股权激励要切合实际,只能借鉴不能照抄。

中国企业在进行股权激励时,有一个经常会陷进去的误区,就是不追求与实际结合,而是追求"高大上"。企业的管理者会将一些看起来光鲜亮丽的股权激励计划,直接拿过来用在自己的企业上,然后就等着激励效果的产生。仿佛股权激励计划越光灿,激励效果就越高燃,但现实不是这样简单的正比关系。

股权激励计划的实施应否取得预想的效果,需要看激励计划是否是根据企业的实际情况制定的(包括发展阶段、行业特点、营利状况、员工收入和家庭现状、公司规划等)。股权激励没有通用方案,就像没有包治百病的良药一样。因此,其他企业施行过的股权激励计划,只能借鉴,不能照抄,只有适合自己企业实际情况的方案才是最好的方案。

第四,让激励对象感觉激励的公正性与公平性。

有些中国企业的管理者不主张公开股权激励方案,而要对分配额度保密。理由之一:股权是企业的,企业是老板的,老板想给谁就给谁,想给多少就给多少,这是老板个人的事,不需要告诉别人。理由之二:如果公开怕员工之间有了攀比心理,经常会高估自己的能力和贡献,如此势必会感觉自己得到的额度太少,容易滋生不被公平对待的心理。

另一部分中国企业的管理者主张公开股权激励方案,理由是:公开的话可以让激励对象和未被激励对象都能了解企业的股权激励政策,这样就能让所有员工看到希望,起到激励全体的作用。

看到这里,或许你已经有了意识,不管公开还是不公开,围绕的目的就是消除员工心理的不公平感。很多时候,股权激励都是在反复研讨和审核的情况下做出的。所以,企业管理者会觉得自己已经做到了最大限度的公正、公平，但绝对不能从自己的口中说出股权激励计划如何公正、公平。因为中国有"不患寡而患不均"的传统认识，企业管理者越是"老王卖瓜，自卖自夸"，越会引发员工的疑窦。正确的做法应该是，主动承认自己只管公正的执行股权激励制度的规则，虽然不一定完全公平，但承诺企业一定会不断改进，让每一名有责任、认真工作的员工都能得到应有的回报。

公平的标准是见仁见智的，如果一直纠结下去，将永无止境。企业该做的是，一方面尽所能地纠正不公；另一方面转移员工的关注焦点，弱化他们对公平的挑剔。

第五，股权激励不能仅限于几个核心人才。

中国的传统文化中有着严格等级制度，这种固化思维在企业经营中体现得非常清晰。股权激励也是论资排辈，只针对几个核心人才，级别不够的人能力再强也轮不到。这种做法忽视了一个重要的事实，不管核心人才如何重要，如何有能力，如何有才华，其个体的力量都不可能有团队力量大。

"一个好汉三个帮"，离开了手下的辅助，单枪匹马做不出什么成绩。但不要埋怨员工对企业没有认同感，相反是企业先抛弃了员工。必须要明白，股权激励的关键是收拢人心，所以不能只激励核心人才，还要让一般人才甚至是普通员工都看到希望。华为的全员股权激励，阿里巴巴合伙人数不设上限，就是这种思想的产物。

1.4 股权结构是企业的"底层代码+顶层设计"

一个运行良好的程序的根本是源自其有一套优秀的底层代码。企业若也想运行良好，也需要有一套完整的、优质的底层代码。同时，一个运转无障碍的企业还需要一套适用度极高的顶层设计作为保障。这一"底"一"顶"

就组成了企业坚固的保护罩,所有隐患都将被隔离并消灭。

不要认为企业的"底层代码"与"顶层设计"是两种东西,其实是一种——股权结构。

股权结构是指股份公司总股本中,不同性质的股份所占的比例以及相互关系。股权结构是企业治理结构的基础,企业治理结构是股权结构的具体运行形式。总之,不同的股权结构决定了不同的企业组织结构,也决定了不同的企业治理结果,并最终决定了企业的行为策略和绩效考核。

股权结构到底有多重要?

天使投资人徐小平先生曾说:"创业的基础其实就是两个,一个是团队,另一个是股权结构。人生最悲哀的事情是,年轻时不懂爱情,创业时不懂股权。股份结构不合理,这个企业一定做不成。"

蒙牛乳液集团创始人牛根生有"小胜靠智,大胜靠德"的人生信条。牛根生所指的"德"就是他所说的"我相信,财聚人散,财散人聚"。财散人聚就体现在"让员工51%给自己干"这句管理心得之中,这也是蒙牛迅速崛起的一大秘籍。纵观蒙牛的成长过程,股权激励的作用体现得淋漓尽致。

总而言之,股权结构是企业的"底层代码+顶层设计"。只有股权设计合理,企业才能持续地、良好地运营下去。其实,当今的创业者、企业家、投资者无不重视企业的股权结构,都在致力于打造和挖掘更加合理的股权结构。那么,合理的股权结构对企业来说有究竟多么重要?

第一,决定企业类型与组织结构。

一家企业具有怎样的股权结构,对企业的类型与组织结构的形成具有重大意义,不仅决定了当下企业的类型和组织结构,也将长久影响企业的未来,想要实现转型、突破、改革等一些重大转变,就需要从股权结构上着手。因此,企业创始人在设计股权结构时必须注意两个问题:

(1)着重考虑企业各个组成部分的变动趋势。当外界环境发生变化时,企业的股权结构也会随之发生变化。可见,股权结构是动态的、可塑的。企业股权结构的变化会直接导致企业组织结构、经营走向、管理方式的变化。

（2）技术与知识给股权结构带来的影响。随着全球网络的形成与各类新兴企业的出现，以掌握技术与知识为核心的股权拥有者在企业股权结构中占据的比例越来越大。因此，传统的企业所有权即控制权的理念遭受到了前所未有的冲击，但矛盾还将持续，直到可以解决问题的全新股权结构的出现，这也是所有企业经营管理者所不断追求的。

第二，主导企业管理与决策方向。

企业管理与决策来源于股权或是基于股权的授权，因此股权的分配制度直接影响了企业管理与决策的方向。最常见的就是投资股权与经营股权之间的矛盾，一些投资者并不直接参与或者根本不参与企业的管理与经营，只是作为单纯的投资者存在，但因为股权是建立在投资基础上产生出来的所有权，导致投资者掌握了企业的管理权，甚至具有了决策权。至于管理权和决策权的大小，差别就在于投资者所掌握的股权多少，可见这种"夺权"就足够主导企业管理与决策方向了，很多的企业创始人也因此被彻底踢出局。

一个谁都知道的现象，企业创始人要想掌握企业的控制权，必须掌握企业的大部分股权份额，成为法律上的控股股东。《公司法》对于控股股东的含义解释为（见图1-2）：

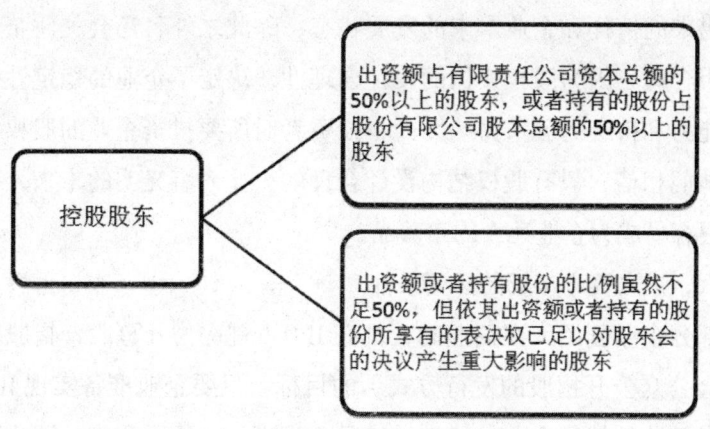

图1-2 《公司法》定义的控股股东

创始人与投资者之间的利益博弈，究竟谁能赢得最后的胜利，关键就是股权结构。创始人切不可为了企业的短期发展而不断稀释股权，只有合理的融资，并且合理的分配股权，长期握有企业的控制权，企业才能平稳持续地发展下去。

第三，明晰合伙人的权、责、利。

鉴于中国人受到传统文化的影响，在合伙创业时总会提到情怀，也很依赖情怀，但创业最终还是要归于实际利益的获取。股权划分就是明确合伙人之间的利益与责任，谁贡献得多，谁就有资格占据更多的股权；谁能力大，谁就有资格占据更多的股权。反之，贡献小一些，能力弱一些，占据的股权份额就要小一些。股权和股比是一个人在企业中价值和利益的最好体现。

第四，有助于企业的稳定发展。

在创业时，彼此之间更注重关系，对于企业的关注也更多。但随着企业的发展，利益关系将逐渐取代合作关系，对个人利益的关注度与对企业关注度的对比上渐渐占据上风。这种情况下，企业内部容易出现矛盾，若有合理的股权结构，就能有效避免矛盾的出现，有助于公司的持续发展。

第五，提高投资者的投资意愿。

投资者在寻找投资对象时，能够吸引他们的除了企业的产品，还有企业所展现出来的情怀和企业未来的发展状态，除此之外，还会关注企业的股权架构是否合理。因为股权架构的设计合理性，决定了企业的稳定性、人力资源输出能力和持续的创造力。因此，投资者对所要投资企业的股权结构非常看重，他们相信，只有股权结构设计合理的企业才有光明的未来，否则投入的资金很容易成为企业死亡的陪葬品。

第六，进入资本市场的必要条件。

大部分企业创始人在创业时，都有IPO（首次公开募股，指股份公司首次向社会公众公开招股的发行方式）的目标。只要企业准备实现IPO，资本市场首先关注的就是企业的股权结构是否清晰、合理、稳定。因为股权结构是企业发展的基础条件，只有股权架构符合资本市场要求，才能达到上市标准，避免风险。

1.5 用"九条生命线"部署合理股权架构

企业在实施一轮又一轮的股权激励之后,企业股权结构变得多元化,企业股东数量也随之增多。核心人才能以股东的身份参与企业管理,建言献策,发挥智慧;普通员工也都以"给自己干的责任心"努力工作,发挥价值。

其实,推行股权激励后,从多数企业的业绩增长基本上可以看出,股权激励对完善企业的治理结构和促进企业的业绩增长,有着极大的作用。但也不要忽视股权是有限的,以有限的股权去激发无限的潜力,就需要特别注意对股权生命线的把控,也就是要掌控好影响股东权利或企业长远发展的临界股权比例,这是合理股权结构设计的根本。

创业者和投资人都很清楚,股权不是静态的,而是动态的。只要实施股权激励,进行融资众筹,就会有变化。但不管怎么变化,只要守住"九条生命线",股权就不会完全跳脱出掌控。

这"九条生命线"是由《公司法》《证券法》等法律明确规定的。从上市企业的股东权利和义务中演化而出,对上市企业的经营管理有着重大意义。其中,对企业影响较大的、资本市场也经常会提及的是"四条生命线"——绝对控制线、相对控制线、安全控制线、重大股权变动警示线。

本节,我们根据专业人士的研究,全面阐述这"九条生命线"。要为企业设定一个股权结构的底线(某一条生命线),绝对不可以跌破。其实,股权的"九条生命线"就是九种股权比例(见图1-3)。

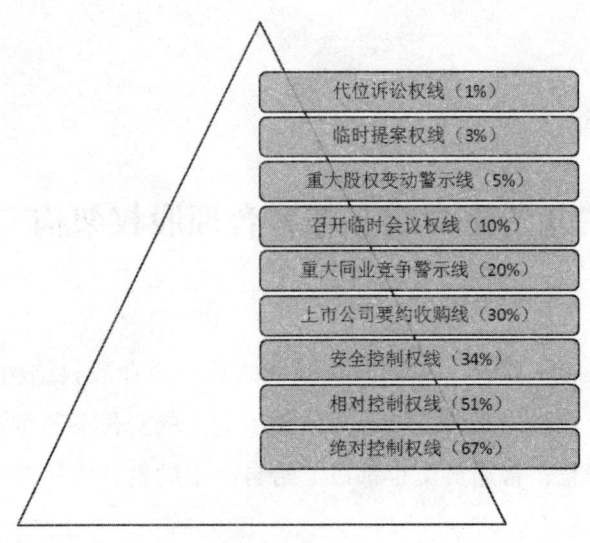

图1-3 股权结构的"九条生命线"

第一种，绝对控制权线——67%。

之所以将比例定在67%，是因为到了这条线就可以拥有"表决权的三分之二以上"。根据《公司法》规定的"股东大会作出决议，必须经出席会议的股东所持表决权过半数通过。但是，股东大会作出修改公司章程、增加或者减少注册资本的决议，以及公司合并、分立、解散或者变更公司形式的决议，必须经出席会议的股东所持表决权的三分之二以上通过。"这就意味着，上市公司的股东如果持有股权比例达到67%，就等于拥有了"一票通过权"，对公司重大决策的表决形成绝对控制，与100%的持股效力相同。

但在具体实行时仍有几个问题需要注意：

（1）"三分之二"转换成百分比，不止是67%，还可以是66.7%、66.67%、66.667%等。

（2）"经出席会议的股东所持表决权的三分之二以上通过"，那么这个"以上"是否包含本数（67%、66.7%、66.67%等）。可以依据《民法通则》第一百五十条中规定的，"以上""以下""以内"为包含本数，而"不满""以外"为不包含本数；还可以依据公司章程的另行规定为准。

（3）《公司法》42条，"但是，公司章程另有规定的除外"。公司章程可以规定不按出资比例行使表决权，可自行约定一个比例。

第二种，相对控制权线——51%。

与绝对控制权线同理，属于股东持股数"过半数"，对企业的重大决策有表决权，可以对企业形成控制。比如，聘请独立董事、选举董事、董事长、聘请审议机构、聘请会计师事务所、聘请或解聘总经理等。但从法律层面上来说，51%只是具有相对控制权，若是涉及重大事项，比如，增资减资，或企业的解散、注销，持股51%并没有决定的权利，需要股东大会投票做出决策。

第三种，安全控制权线——34%。

34%相当于企业全部股权（100%）的1/3，当有股东持股量达到34%，就意味着持股量超过1/3。那么，剩余的全部股权也只有66%，即便这66%为一位股东持有，也无法达到绝对控制权线的标准，也就无法实行"一票通过权"通过关于企业生死存亡的事宜；如果这66%由多位股东持有，那么，这些股东也不具有2/3以上表决权，对于企业的重大事宜也无法表决通过。因此，当其中某一位股东的持股量达到34%，就形成了"安全性控股"或者叫"否决性控股"。

企业想要通过某项重大事宜，必须争取持股达34%的股东的同意，否则这位股东投否定票，重大事宜就无法通过，这就是"一票否决权"。

第四种，上市公司要约收购线——30%。

这条30%的要约收购线主要针对上市企业。如果上市企业的某位股东持股量达到30%，其想控制企业，就需要加大持股占比。但是《证券法》与《上市公司收购管理办法》都有规定："收购人持有一个上市公司的股份达到该公司已发行股份的30%时，继续增持股份的，应当采取要约方式进行，发出全面要约或者部分要约。"也就是说，收购人要向所有股东发出通知，表明自己的收购意图，还要向被收购的公司发出收购的公告，待被收购公司确认后，方可实行收购行为。

第五种，重大同业竞争警示线——20%。

上市企业的控股股东或实际控制人所从事的其他业务或控制的其他企业（通常企业控制人或大股东都不止有一家企业，而是同时控制或参股多家企业），与本企业所从事的业务相近甚至同类，双方遂形成间接或直接的竞争关系。

对于这方面，法律上没有明确的规定，但在具体操作时，通常以20%的股权关系作为重大同业竞争警示线。其实，一个股份公司可以通过20%以上的股权关系（可以是重大债权关系），控制或影响任何企业，包含股份公司的大股东、子公司、并列子公司以及联营公司等。

第六种，召开临时会议权线——10%。

股东的持股量如果达到10%，就拥有请求召开临时股东大会或者召开董事会临时会议的权利，并拥有提出质疑、调查、起诉、清算、解散公司的诉权。因此，在设计股权架构，或者做股权激励，或者引进投资方时，一定要避免出现某个利益小团体的持股超过10%。

第七种，重大股权变动警示线——5%。

股东持股量达到5%及以上，就达到了"举牌"的比例界定。"举牌"的目的是防止机构大户操纵股价，保护中小投资者利益。《证券法》规定："当投资者持有一个上市公司已发行股份的5%时，应在该事实发生之日起三日内，向国务院证券监督管理机构、证券交易所做出书面报告，通知该上市公司并予以公告，并且履行有关法律规定的义务。"

也就是说，5%的持股量就像一条看不见的线，只要投资者持有（或通过协议、其他安排与他人共同持有）一个上市企业已发行的股份达到5%后，当其所持该上市企业已发行股份比例每增加或减少5%，应当依照规定进行公告。换种表达形式，上市企业如果有超过5%的股权要转让或变更，就需要进行公告。公告后二日内，不得再买卖该上市公司股票。

第八种，临时提案权线——3%。

《公司法》第102条规定："单独或者合计持有公司3%以上股份的股东，

可以在股东大会召开十日前提出临时提案并书面提交董事会。董事会应在收到提案后两日内通知其他股东，并将该临时提案提交股东大会审议。临时提案的内容应属于股东大会职权范围，并有明确议题和具体决议事项。"也就是说，当企业股东拥有的股份达到3%时，就拥有临时提案的权利。

第九种，代位诉讼权线——1%。

亦称"派生诉讼权线"，是指企业股东拥有1%的股权，就可以拥有间接的调查与起诉权。《公司法》第151条规定："有限责任公司的股东、股份有限公司连续180天以上单独或者合计持有公司1%以上股份的股东，可以书面请求监事会或者不设监事会的有限责任公司的监事向人民法院提起诉讼；监事有本法第一百五十条规定的情形的，前述股东可以书面请求董事会或者不设董事会的有限责任公司的执行董事向人民法院提起诉讼。"

代位诉讼的发生有三个前提：一是董事、高管违法违规损害企业利益；二是监事违法违规损害公司利益；三是前两项都出现问题。企业股东可以以自己的名义"代公司的位"直接向法院提起诉讼。

最后，我们来看看，如果股东的持股量不满1%时，具有什么权利？

在有限责任公司里，不仅享有股东身份，还享有公司股权对外转让的优先受让权、新增注册资本优先认购权、查账权、表决权等。

为什么要多说一句"股权少于1%"的情况呢？因为股权可以逐渐减少，也可以逐渐增加。如果一名股东现在只持有0.23%的股权，但通过日后的不断注资增持或通过股权激励不断获得，其持股量达到了1%，就可以享有"代位诉讼权"。

而且，一旦登记成为工商注册的股东，按照法律规定，如果没有出现完全未出资的情况，任何大股东是没有办法"开除"小股东的，只能用"进入退出机制"来预防。

了解这"九条生命线"，就等于了解了企业和股东的九种生存状态，无论对投资还是对创业都具有参考价值。

1.6 中国企业股权激励必须学会"科学切蛋糕"

有人将股权比喻为蛋糕,外观很诱人,味道很香甜,触感很绵软,任何角度琢磨都让人欲罢不能。但是,这个蛋糕究竟好不好吃,不是蛋糕本身能决定的,因为蛋糕一定是好吃的,是那个切蛋糕的人决定了蛋糕的好吃程度。

切下去的每一刀都需小心谨慎,每一块都要精细计算,多不得,少不得,大不得,小不得,稍有偏差不仅会影响蛋糕切割的整体效果,也会影响蛋糕的口感。更致命的是,一旦割错了,再想恢复就没有可能了,因为再完美的"复合"也总有道"疤痕"在蛋糕的表面。

股权分配必须遵循一定的规则,再结合企业现状,给出最恰当的分配方案。因此,为了能更好、更快、更完美地切蛋糕,下面罗列出股权设计需要掌握的基本要点。

第一,看出资人的实际情况。

无论是创业企业,还是大型企业,资金永远是企业的支撑,有了资金才有将来的一切。尤其对于创业企业,处处需要钱,资金是最紧张的一环,很多企业因此死在了资金不足上。于是为企业找到出资方成了创业期最关键的事情之一,此时"谁出资多,谁占股份多"的情况十分常见。

比如,创业启动资金需要300万元,A出200万元,B出100元,C出100万元。假如A、B、C三人在经营能力和资源渠道方面差不多,就可以按照出资比例设计股权,出资200万元的A占50%的股权,成为公司的大股东,出资少的B和C就是小股东。

为什么要强调一句"经营能力和资源渠道方面差不多"呢？因为在最看重资金阶段，往往会忽视其他因素，导致谁出资多谁话语权大，谁更容易得到企业股权的状况。如果出资多的一方在经营能力方面不如出资少的，或者出资多的一方在贡献程度上不如出资少的，虽然短期不会有问题，但企业做大后，股权分配不公的隐患就会显现出来。因此，看出资人的实际情况，看的不仅是资金情况，还需要看出资人其他方面的情况。

第二，认清合伙人的优势。

这一点是根据上一点引发出来的。在创业合伙人中，不同人的贡献不是一成不变的，而是随着创业阶段的变化而变化的。比如，创业最初阶段，"找钱"是最紧急的，谁能找来钱，谁就是大功臣，于是得到了大量股权。再如，某位创始人的运营能力不错，在运作阶段得以发挥，便得到了大量股权。这样的做法隐患很大，因为随着企业发展的深入，某些创始人的能力值到顶了，对于企业的作用越来越小，但却仍然占有企业的大量股权，此时想要"口中夺食"就非常困难了，需要付出很大的代价。

所以，在创业期一定要看清合伙人的能力区间和能力峰值，让其得到与其能力相匹配的股权比例。具体的做法分为三步：

第1步：先根据当下贡献给予少量的股权，起到激励作用。

第2步：若此人能力的确够强，对企业持续贡献大，再考虑分批次地给予其股权激励；若此人的能力已经见顶，股权分配维持现状即可。

第3步：若此人能在企业常驻到退休，在其退休时可以给予其一定的奖励股权，以感谢其贡献，也可以借机激励其他人。

第三，设置"带头大哥"。

做企业不是做慈善，更不是搞平衡，平均分配的陈旧思维必须剔除。或许你会问：平均分配不好吗？每个人持股相同，不就实现民主了吗？必须强调一点，企业讲民主绝对不是在股权分配方面，股权决定了企业的决策权和掌控权，如果实行民主，这样的企业将失去领导力。就像一些合伙创始团队，一上来就划分了"50%—50%""33%—33%—33%"的股权结构，要怎样做出决策呢？要举手表决吗？还是少数服从多数？

因此，在企业必须要有一个"带头大哥"，这个人的最佳人选是CEO或创始人，要持有比较大的股权。一般情况下，"带头大哥"的股份应保持在50%到60%之间，形成"6∶3∶1"或"7∶2∶1"的股权梯次，这样才能对企业形成主导权，也能有足够大的影响力。

第四，预留股权以待将来再分配。

如今，中国企业有一种为了刻意追求合伙人结构，而硬拉一个人或若干人"登堂当官"的现象（基本是带资金或带技术或带资源或带名声而来，企业要为其分配一定的股权）。表面来看，企业的管理结构组成清晰了，设置的位置上都有了人选。但实际上却留下了很多隐患，因为这种被拉上位的人很可能是"身在曹营心在汉"，或者根本不符合企业的要求。想一想，如果出现了这种情况，再进行解决将有多少麻烦，也会付出很大代价。

其实，合伙人结构不是一定要凑齐了人才能定义的，只要结构体系在，就是某个位置上暂时空缺也没关系。比如，某公司CTO（首席技术官）和CFO（首席财务官）的职位空缺，但老板并没着急聘人入职，而是预留出了与职位对应的股权份额，等待将来吸收能力符合的合伙人。具体的股权预留模式可以借鉴图示（见图1-4、图1-5）。

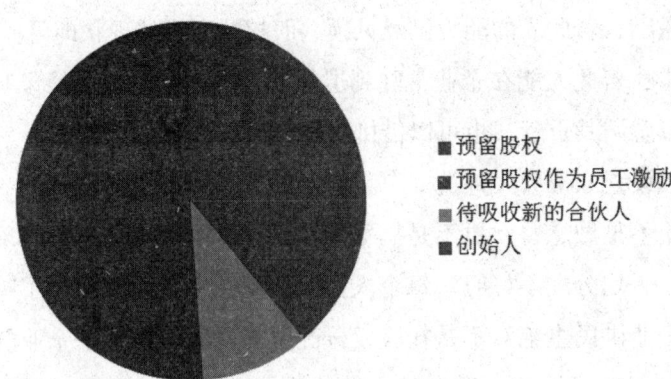

图1-4　股权预留模式参考方案

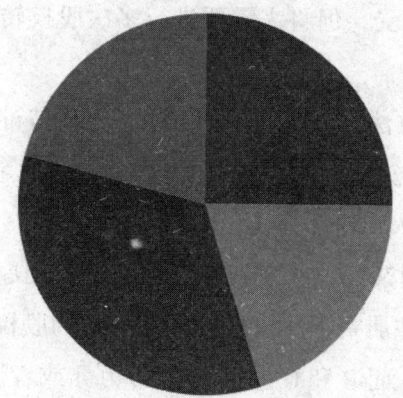

图1-5 股权预留模式参考方案

注：图1-3和图1-4没有任何关系。

股权预留出来之后，应该放在哪里呢？只有解决好这个问题，预留股权的好处才能真正显现出来。

A、B、C三人合伙创办公司，注册资本100万元，A出资50万元，B出资25万元，C出资25万元。按照行业规则，留出40%的股权用于将来吸收新人和融资。最后股权分配划分为：预留的40%股权放在公司，其余的A占30%，B占15%，C占15%。

可是，这就引出了3个问题：

（1）公司不能持有本公司的股权，预留的40%股权属于谁？

（2）预留的40%股权对应的40万元注册资本谁来出？

（3）在预留股权分出去之前，股权池的股权所对应的权利和利益由谁享有？

针对问题（1）我们提供3个解决方案：方案一是放在"老大"名下，由"老大"代持。既便于股权掌控，也便于将来做股权转让。但容易引发其他合伙人不满，因为代持的"老大"必然会享有预留股的收益。方案二是放在持股平台。比如，由A作为普通合伙人，B、C作为有限合伙人，成立一家有限合伙公司来持有股权池的预留股权。将来有新人或机构进入时，直接进到合伙公司里。这种方法最好，但成本偏高。方案三是几名合伙人平均持有，分别代持。合伙人容易接受，但将来需要进行多次股权转让，流程烦琐。

针对问题（2）有两种解决方法：一是简单的方法，谁代持谁出这部分资金；二是复杂的方法，合伙人按照各自代持的比例认缴出资，等新人进来时，股权转让到其名下，再由新人出这部分钱。

然而，不论简单的，还是复杂的，在实践中立即引发出问题（3）。如果A出了预留股权的40万元的注册资本，持有股权池40%的股权，就会享受这部分表决权和40%的分红。而B和C也想出这40万元或者出一部分，也想享受相应的权利和利益，怎么办？没有任何理由不允许这二人出这部分钱。

为了解决这个棘手的问题，我们的建议是：仍然由A单独出资40万元，并享有这部分股权的表决权，但分红权在A、B、C之间协商分配，毕竟由A出资，所以A可以多获得一些分红。因为A作为公司的掌控人，再享有多些的表决权，B和C也不会有什么意见。B和C最在意的是利益的分配，他们不用出资，却能得到一部分分红，就不会再有异议了。

第二章
九要素框定股权激励的基本架构

作为中国企业的经营者,不仅要知道股权激励对企业发展的重要性,还要明确股权激励的基本框架,也就是股权激励的十个要素。掌握了这十个要素,在实施股权激励时才能知道从哪方面入手,针对不同企业应该采取怎样的针对性措施。

2.1 确定企业股权激励的达成目标

要设计一个科学的、严谨的、适用于企业发展的股权激励计划,并期望在实施过程中达到预期效果,需要从确定股权激励的目标开始,将股权激励的出发点和宗旨进行明确。

但股权激励的目标不能随便制定,既要符合经济形势,又要结合企业状况,还要做到让大部分人满意,所以目标的设定需要遵循以下原则:

(1)目标促成利益共同体的形成。释放出股权,就是要将企业、利益和员工个人利益捆绑到一起,形成整体的推力,企业才有在任何环境下都能持续向前的动力。

(2)目标必须是具体的。与股权共同释放出来的还有相应的责任和义务,改变每一个人的状态,才能改变企业的现状。很重要的一步就是将目标具体化,让每个人都能看清楚目标,并且朝着各自的目标努力。当个体的小目标达成后,集体的大目标也将随之达成。

(3)目标应是有期限性的。接收了股权,就等于接受了使命。什么时间实现需要进行限定,如三月、一年、两年等。没有期限的限定就没有动力,缺少动力,激励就容易从"持续自律"演变为"间歇自虐"的短期行为。

(4)目标一定要能够实现。可实现的目标才是有价值的目标,被激励者永远不会为了一个"跳起来也够不到"的目标而努力。

只有在企业的股权激励目标与上述原则完美契合之后,该企业的股权激励计划才能真正发挥作用。企业实施股权激励的终极目的是推动企业战略目标的达成，将终极目的分化为若干个直接目的，更有利于理解股权激励的作用。

2.1.1 激励员工的凝聚力和战斗力

1997年，TCL集团开始实施管理层持股计划，将部分净资产增量以股份形式奖励给被激励对象。在此后六年的激励计划实施过程中，集团走上了发展快车道，一度成为行业领军企业。到2004年上市，集团内部一夜之间出现了数个亿万富翁，以及很多的千万级、百万级的富豪。

在彼时各大媒体纷纷报道TCL高层签订激励方案的英明之举时，有人却在研究这种现象背后的秘密，最后总结为"分享的力量"。

股权激励的结果是让各级股东形成利益相关体，减少了上下级之间、同级别之间的利益冲突。个体的责任心会得到强化，在收益预期与损失预期的共同作用下，工作的积极性、创造性和竞争性会被激发。

懂得"分享的力量"的人几乎毫无例外的都取得了成功。比如，马云，在创业之初，他除了承诺，一无所有。怎么让跟着自己吃盒饭、住集体宿舍的员工保持奋斗的动力，马云的做法是让看不见的承诺变成看得见的行为。

刚到阿里巴巴任职不久的蔡崇信要帮助马云注册公司，让马云将股东名单发给他。在当时，谁是股东只需要马云自行决定，马云没有任何挑拣，就将跟着自己的18个学生全部列在了股东名单里。马云没有将这些人当成下属，而是将他们看成创始人和伙伴。

"与同伴分享，这在创始人中可不常见，我就动心了，"蔡崇信说，"跟谁干，跟人的感觉，有没有操守，品格如何，值不值得信任，有没有友情。如果觉得对方会照看你，你就有纵身一跃的勇气。"

2.1.2 留住人才，并降低人力成本

对企业来说，人才如同大脑，企业能走多远，全靠人才带动。但人才需

要体现价值,薪酬水平就是标准之一。于是,聘请人才和留住人才需要消耗极大的成本,却又似乎无法控制。

涉及成本,就会牵扯出现金流。人才的引入,就会带动现金流的消耗,这是企业初创期和发展期在人才与资金上一组矛盾。

如何降低人力成本压力?可以分为三种情况进行讨论(见图2-1)。

 企业领导者:无年薪+股权激励

 核心骨干:少年薪+股权激励+长期愿景

 基层人才:常规年薪+股权激励+财富梦想

图2-1 以股权降低人力成本的三种情况

首先,一些企业大佬用实际行动给出了答案,就是对自己(企业创始人或首席执行官)实行股权激励政策。

比如,京东集团CEO刘强东的年薪只有1美元,有媒体甚至打趣地担忧他是否能养活家人。其实,刘强东已经被授予公司流通股0.9%的A类股股权(2600万股)。虽然根据公司规定,十年内不得再向刘强东授予额外股权,但十年内如果京东估价达到或超过33.4美元时,刘强东就能够将他那部分股权进行套现,所得将超过4亿美元。

可见,京东集团是用股权来代替现金工资支付给刘强东报酬,所谓的1美元年薪只是一种形式。这种用股权代替天价年薪的方式,大大降低了企业的现金流压力,还能更彻底绑定这类的超级个体,为企业长期稳定的发展打下了稳固的基础。

其次,对于企业的核心高层和骨干成员,是必须以股权激励的,该级别

的人才对于自己的价值能否体现十分看重，被授予一定份额的股权则是对其最大的肯定。另一个好处则是长期愿景的加持，越干越能成就自己。

二十年前的蔡崇信是瑞典银瑞达集团的副总裁，年薪七十多万美元。二十年后的蔡崇信是中国阿里巴巴集团董事会的执行副主席，拥有数十亿美元身价。

蔡崇信的巨额财富不是来自独自创业，也不是巨额年薪，而是合伙人的身份。这是一次华丽的转身，但转身之初却并不令人羡慕，因为蔡崇信放弃了一年七十万美元，跑到阿里巴巴赚月薪500元人民币。但蔡崇信不在乎这样的断崖式落差，他看重的是阿里巴巴的企业前景和发展壮大之后的自身前景。

毫无疑问，如今的阿里巴巴是成功的，而持有阿里3.6%股份的蔡崇信也是成功的，他被称为"最贵打工仔"。想一想，这是留在银瑞达集团永远都无法获得的。有人说，马云能有今天，必须要感谢蔡崇信，因为没有蔡崇信，阿里巴巴就撑不过电子商务泡沫；没有蔡崇信，阿里巴巴就拿不到软银的注资；没有蔡崇信，阿里巴巴更"吃"不下雅虎中国。马云也承认，他最感谢的人始终是蔡崇信。然而蔡崇信也非常感谢马云，感谢阿里巴巴，因为如果马云最初没有给他股权利益，那么也就不会有如今身价800亿元人民币的富豪蔡崇信了。可以说，蔡崇信当初加入阿里，对双方而言，是个双赢的决定。

最后，对于企业的基层人才，股权激励也是必不可少的，只不过在股权激励的同时，"工资+奖金"也不可缺少。不能只给长期，不给现在。反过来，也不能只给现在，而不给长期。

股权激励，不仅有助于规划企业的发展蓝图，更重要的是能让员工重拾对企业的信心，相信自己留下来，不仅前途有望，"钱途"亦有保障。

2.1.3 结合长期目标和短期目标

在目标设定时，有一种状况被称为"短视"，就是只顾当下任务和利益，而缺乏长期性、远见型的目标设定。

比如，A企业接到一笔大订单，为了激发员工的干劲，宣布只要按时完成这笔订单，每名员工都能分得相应的股权。于是，企业内部立即上演了一出"赶单喜剧"，可是，当巨幕落下之后，企业却进入了"人人只想所得，不想付出"的悲剧中。

再如，B企业正在着手准备上市，那些工作多年的老员工都在畅想，企业上市后自己的所得，也都等着那一天到来就套现走人。

上述情况，都是因为实施股权激励时，未能有长远规划所致，"短视"地将短期目标作为股权激励的总目标，导致企业还在发展中，人心却已停滞不前了。

股权激励必须以长期目标为根本，再结合短期目标进行辅助，在分段实现一个个短期小目标后，长期的目标自然就实现了（见图2-2）。

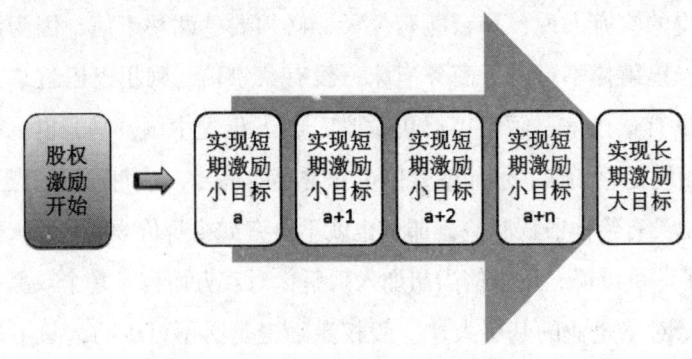

图2-2　股权激励的长期目标和短期目标

下面，看看华为是如何通过股权激励实现企业的长期目标和短期目标的：

华为成立至今只有22年，却创造了发展的奇迹，关键就在于公司不断实施股权激励计划。①公司准入制度"严格"却"高利"。一旦被华为聘用，其薪资水平在同行业中总是最高的。②奖金与利润挂钩。制定一个个小目标，待小目标实现后，根据个人贡献与责任进行考核。③保证短期激励的同时，也不忘长期激励。当公司的业绩达到一个新台阶后，公司会以股票形式按照员工的贡献程度予以阶梯式奖励。

通过上述三点可见，华为的股权激励并不是"按资分配"，而是"按知分配"。华为不看员工的资历,只看员工的能力。因为华为是一家科技公司,将知识劳动回报的一部分转化为公司股票,进而转化为资本,是进行股权激励的重要目的,以实现知识向资本的转化。

企业在制订激励计划时,长期目标与短期目标的设定,需要符合一定的要求,总体上确保长期目标不能被轻易实现,短期目标不能难度过大,保证长短期目标的有效结合(见表2-1)。

表2-1 长期目标与短期目标的有效结合

注意	备注
长期目标的设定,不仅要远,战略性也要强,但不能脱离现实	长期目标即企业的长期发展策略
长期目标的设定一定要在短期目标的基础上进行,保证大目标的可行性	
短期目标应以长期目标为最终目标来设定,不应过大,应根据实际情况设定	企业发展的实际情况;具体工作的实际情况;人员配备的实际情况
若短期目标过大,可设定为中期目标,再分割成若干短期目标	
短期目标的设定既要有持续性,也不能游离于长期目标之外	

2.2 制定股权有序进入和平稳退出的规则

当下,许多合伙人因股权引发战争的故事屡见不鲜,有些是暂时的矛盾,有些是分不清是非的闹剧,有些则是撕破脸的决裂。其实,无论战争的严重程度如何,都是因为没能明确合伙人股权的进入机制和退出机制而引发的。

这样的争端在外界看来往往相当无厘头,就像两个人在头脑发热中结了婚，婚后发现完全是两个物种，想要离婚才意识到原来麻烦更大。

因此，一定要预先明确股权的进入机制和退出机制，确保股权架构的平稳和建立在股权架构基础上股权激励的顺利实施。

2.2.1 合伙人股权进入机制

合伙人一定是既有创业能力，又有创业心态的一类人，他们通常是有3～5年的时间全职投入创业企业的主创始人或联合创始人。

因此，合伙人是企业创立到发展到壮大的最大贡献者，也是最主要参与分配股权的人。确定合伙之后，企业的大小事情，任何一名合伙人都不能单独决定，而要经过讨论协商，若遇重大事件，合伙人之间还要形成决议。企业经营赚的每一分钱，不管是否与合伙人直接相关，也不管合伙人的贡献大小，都要按照事先约定好的股权比例进行分配。

但一家企业绝不仅仅靠原始的几名合伙人就能做大，在发展过程中一定会逐渐引入新股东。经原股东同意以同比例稀释的方式，或原股东一致书面同意的方式，向后引入的新股东转让股权。

小米有个"土鳖"与"海龟"混搭而成的豪华合伙人团队，而且一直运转良好，其中一定有其独特的原因。那么，小米合伙人团队的特点如图2-3所示。

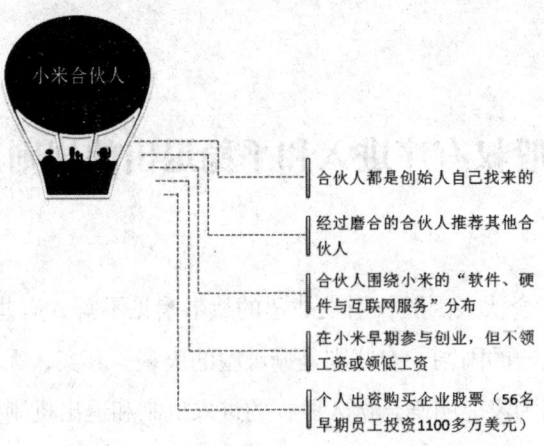

图2-3 小米合伙人团队的特点

小米的豪华合伙人团队无法复制。但是，小米寻找合伙人的经验却值得借鉴：通过圈内靠谱人士推荐其圈内朋友成为合伙人；合伙人之间要在具体工作中不断磨合；只给既有创业能力，又有创业心态，还为创业做出重要贡献的合伙人发放股权。

2.2.2 哪些人不适合成为合伙人

向非股权拥有者发放股权，是非常重要的行为，意味着将企业的经营权、表决权逐渐下放，若下放不当，则会给企业带来沉重的灾难，甚至是灭顶之灾。因此，作为创业人必须慎重按照优质合伙人的标准发放股权。

所谓优质合伙人要符合四项条件：

（1）能为企业发展带来长期利益和影响；

（2）拥有长期的资源和持续开发资源的能力；

（3）以企业长久发展为目的的投资人；

（4）全职、有能力、敬业。

当年马云得到蔡崇信的辅佐，是企业界内经久流传的佳话。他们两人，一个认真创业，另一个真诚相助，最终成就了阿里巴巴神话。

但是，正所谓"千军易得，一将难求"，优质的合伙人总是很难得到。若是马云遇到的不是蔡崇信，而是其他人，马云还会许以股权吗？我们不得而知。我们只需要知道，有些人的确对企业发展助力很大，但其自身的价值和属性，并不足以支撑他们成为合伙人，更不能被授予股权（或是只能授予很少的股权），只能作为企业的合作者。

第1类，天使投资人。

3个合伙人凑了45万元，另一个人投了55万元，共100万元开始创业。大家按照各自出资比例，简单直接地划分了股权，即外部投资人占股55%，其他三人总占股45%。

作为创业初期的公司，天使投资人真的就像"天使"一样，解决企业那时候最大的困难——资金。但在具体经营中，天使投资人仍然只是投资者的身份，虽然出钱（大钱），但对经营并不出力，而其他创业合伙人则既出钱（小钱）又出力。企业的发展无疑是实际经营者更为重要。因此，天使投资人购买股票的价格应当比创业合伙人高，不应当按照合伙人的标准低价获取股权。

创业投资的逻辑是：投资人投大钱，占小股，用真金白银买股权；创业合伙人投小钱，占大股，通过长期全职服务公司赚取股权。

第2类，短期资源承诺者。

A在开始创业时，其好友提出可以帮他对接上下游的资源。但作为回报，朋友要求公司给20%股权作为回报。

请问：A是否应该同意朋友的要求？

答案是"NO"。这种股权授予会带来两方面的隐患，一是对方如果不履行承诺怎么办？二是当对方的资源用完了怎么办？无疑，第一种是欺骗行为，第二种则是自锁行为。

创业初期一定是困难的，得到资源的心理很迫切，很可能轻易做出以股权作为承诺来换取资源。但企业的价值需要整个创业团队长期投入时间和精力去实现，对于只是承诺投入短期资源又不全职参与创业的人，绝不能授予股权。建议优先考虑项目提成，谈利益合作，一事一结。

第3类，并不尽全力的兼职人员。

B通过朋友介绍，在大公司找到个技术超棒的人做兼职技术合伙人，并向对方授予15%的股权。起初，该兼职技术合伙人还挺有热情地参与项目，后来就变成了断断续续参与，再后来就很少参与，直至最近干脆停止了参与。B觉得自己花了大本钱，得到的回报却很少，就想与这位兼职技术合伙人协商让其退出，还主动提出给予补偿，但对方并不同意。

B的这种做法在创业企业中并不鲜见，得到人才后如获至宝的心态容易让创始人乱了方寸，在头脑发热的情况下授出了股权，这种做法非常得不偿失。因此必须记住一点：只要不是全职在企业工作，不管是哪一路大神都不能授予股权,或者不能授予大量股权。我们建议在企业发展平稳之后,按照外部顾问的标准发放少量股权(股权来源于期权池)。

第4类,早期普通员工。

C在创业初期,处于成本考虑,也为了激励员工,在总共只有3名合伙人和9名员工时,就给合伙人之外的3名普通员工各发放了5%的期权。

但现实却并非如C所愿,得到股权的员工仍然只关注工资和福利,并不看重股权,也就是说他们对企业的未来没有信心,也没有耐心陪同企业成长。这就是不具备创业能力,也不具备创业心态和激情的人,是绝不适合被授予股权的。而且创业早期员工流动性大,股权管理的成本很高。

还是那句话,对于既有创业能力,又有创业心态,经过初步磨合的合伙人,要尽早发放股权。但早期普通员工却不适合股权激励,一方面成本过高,另一方面激励效果有限。甚至还听到员工抱怨企业用股权做障眼法只为节省工资的负面言论。

其实,早期5%不被普通员工在意的股份,在企业成熟后很可能一次性解决几百人、几千人的激励问题,而且激励效果特别好。

2.2.3 设置股权回购机制

冯大辉在丁香园任职六年,在决定离职时因为股权处理问题引发了争议,最终酿成了沸沸扬扬的媒体事件。像这样创始人股东中途离场的情况,合伙人在创业之初就要提前预防,有效的方法是设置股权回购机制。

比如,某公司创始两年,经营情况良好,如今其中一名创始人股东申请离开,此时有无股权相关的退出约定就成了关键。如果没有股权退出约定,极大的概率会发生矛盾。但如果之前划分股权时进行了书面约定,就可以做出相关处理:①该创始人股东未成熟兑现的股权,或者无偿赠与公司其余创始人股东,或者其余创始人股东以极低的价格(比如1元)购买;②对于已成熟兑现的股权,其余创始人可以按照划分股权时约定的回购价格进行收购。

为了让退出约定能够顺利实施，创始人划分股权的书面约定需要注意以下两点：

（1）在协议中约定离职股东如果不愿意出让股权，必须承担高额违约金。

（2）对于股权转让钱款的支付期限，建议约定较长时限（至少一年，或者几年），以免其他合伙人股东在短时间内面临较大的现金压力，给企业带来经营困难或者无法完成回购。

2.2.4 常见的股权成熟模式

上述提到"未成熟"和"已成熟"的概念，都是针对股权的。已成熟就是达到了股权兑现条件，能够由名义上的股权所有人变成正式的股权所有人，并自由支配的；未成熟就是未达到股权兑现条件，名义上的股权所有人资格将部分丧失，且不能自由支配未成熟部分的股权，必要时还要退回这部分股权。

股权是否成熟，在股权激励机制中非常重要，可以直观界定股权是否正式由股权所有人所有。因此，股权是否成熟的划定方法必须非常严谨，既要保证企业利益，也要保证个人利益。下面给出三种常见的股权成熟的模式。

1. 按年成熟

A、B、C三人合伙创业，股权比例是1∶3∶6。一年后A决定退出，但他手上还有公司10%的股份，此时必须实行股权成熟制度。

根据三个人划分股权之时的书面约定，股权的成熟期为四年（约定一起干满四年，股权可以全部成熟）。具体规定则是：每个人的股权都均分为四份，每干一年就成熟25%，四年期满后，股权全部成熟。A只干了一年，只成熟了自己股份10%的1/4，也就是2.5%，余下的7.5%就不属于A了（见图2-4）。

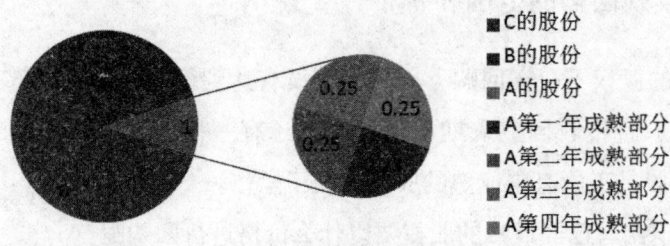

图2-4 按年成熟A的股权

A已成熟的2.5%股份由B和C按照事先约定的金额回购,而不成熟的7.5%股份有"粗暴"和"非粗暴"两种方法:粗暴的方法是强制分配给B和C,分配比例可以是均分,也可以按照B和C的股权比例来定;非粗暴的方法是以不同的价格按公平的方式给B和C,将来可以重新找新合伙人代替A的位置。

2. 按项目进度成熟

以一个项目的完成度来考核股权拥有者,项目进度达到标准,可以享有股份,项目进度达不到标准,就不享有股权。比如,项目进度可以按测试、迭代、推出、推广的流程效果,或者达到的用户数等指标来确定。

采用这种方式要坚决执行。因为以项目为标准会导致时间动态性较大,有可能原本预计要两年才能实现的用户数,某人一年就做到了,也有可能因为不可预估的干扰导致三年才实现,但不管哪种情况都必须兑现股权。

3. 按融资进度

项目进度参考标准来自内部,融资进度则是外部参考标准。融资的数额可以印证产品的成熟度、资本市场对企业的评价、企业未来的经营走向等。

这种成熟方式,是作为辅助股权约定形式存在的。不能简单地规定谁融资多就占股份多,而是要在出资、经营、日常其他工作等方面进行协调后,再综合考察融资贡献,贡献大者要给予股权奖励。

2.2.5 股权回购的范围和价格

未成熟的股权不存在回购,因为员工没有达到行权条件,这部分股权仍归企业所有,直接收回放入期权池即可。还有一种更快捷的方式,就是用"1元钱"回收员工所有未成熟的股权,便于操作。

而对于退出者已经成熟的股权要以什么价格进行回购呢?

回购定价时,可以按照企业当时的净资产、净利润、估值,或原来的购买价格,或企业最近一轮融资估值来确定。

其中,以企业净资产和净利润定价,要有一定比例的溢价,因为企业回购了员工手中未来的收益权。若是按照估值定价需有一定折扣,因为估值代表着企业未来一段时间的价格。

如果参照原来的购买价格,需按年利率溢价收购。比如,离职创始人原来花10万元买了10%的股份,现在可以按照年利率的10%溢价回购。

而参照企业最近一轮融资估值来定价,需以一定折扣价回购股权,毕竟企业在融资之后会有短时间的估值提升。

此外必须注意的是,无论采用哪一种方式定价回购,都会在一定时间段内影响企业的现金流,因此需制定好预防策略。

2.2.6 危机的处理

在创业过程中,遭遇合伙人股东去世、犯罪、重病、离婚等情况并不罕见,势必会对股权划分造成影响,也将影响企业的生存发展。面对这样的危机,应该如何应对呢?

当合伙人因自身原因,如犯罪、重大疾病、失去操守、特重大过失等,无法继续履职的情况,要预先有所约定,或采取继承方式解决,或要求其主动退出并让出股权,或以强制退出形式剥夺其股权资格。如给企业造成了损失的,可以依法追究其法律责任。

1. 继承的危机

企业股权属于遗产。因此在涉及法律层面时，义气、友情、亲情、面子等都必须退避，交给法律来妥善解决。

依我国《继承法》《公司法》的规定，可以由其有权继承人继承其股东资格和股权财产权益。但这种由继承人继承合伙人股东资格的做法，并不绝对利于事业发展。比如，一位合伙人股东去世，继承人如果是其年老的父母或年幼的子女，显然是无法同其他合伙人股东进行合作的。

解决这一难题通常不依靠《公司法》，因为该法并未规定股东资格必须要被继承，所以公司章程中可以约定合伙人股东的有权继承但无实际经营能力的人不可以继承股东资格，只能继承股权财产权益。

2. 离婚的危机

如果合伙人股东中有夫妻，他们之间又没有做财产约定，那么，股权依法属于夫妻共同财产。比如，某公司的合伙人股东A正在离婚，其所持有的股权将被视为夫妻共同财产进行分割，虽然这种做法对夫妻来说是公平的，但并不利于公司的发展。

可以引入"土豆条款"。即在合伙人划分股权的协议里约定特别条款，要求合伙人与现有或未来配偶约定股权只归属合伙人一方所有，属于个人财产。不过这样的规定显然对合伙人的配偶不公平，因此，还可以约定在婚姻存续期间内属于夫妻财产，但如果离婚，配偶一方不能享有任何股权权利。

2.3 股权激励，通常激励谁

股权激励的第二个要素是确定可以激励的对象。有了明确的激励对象之后，才能考虑激励的措施与具体的实施。

然而，很多企业家总是陷入一种迷茫状态：究竟该激励谁？谁应该被激励呢？

思考这个问题，要从两个方面切入，首先要知道选择激励对象时应避免出现的状况，其次要知道具备怎样的条件才有资格被激励。

任何企业都不能凭借创始人或股东的个人喜好选择激励对象，这种主观臆断会放大观察和认知上的缺陷，势必会在企业内部滋生不和谐的音律。同时，也不能根据员工的自我评价和相互评价选择激励对象，两种情况都免不了会掺杂个人情感和利己心态，与公平公正相去甚远。

也不能简单地根据职务高低来选择激励对象。企业中因为工作性质和工作范围的不同，即便是同一职务级别对企业的贡献也不尽相同。甚至有些职务级别虽然不高的岗位，但是其工作对企业贡献很大。这种情况最佳的参考就是军队中的一级军士长，就是通常意义上讲的"兵王"，这些人虽然军衔是兵，但却是"国宝级士兵"，因此在军队中地位很高，受到尊敬。

为了让企业中每个人的地位都能与其能力和贡献相匹配，就要搞清楚什么样的人才能够被激励。根据"二八原则"，企业里往往是20%的人创造了80%的利润，这部分人就是企业的核心力量，股权激励应优先考虑核心人员。

一名员工是否是企业的核心人员，可以从六个方面进行考虑，这六个方面也是选择激励对象的标准（见图2-5）。

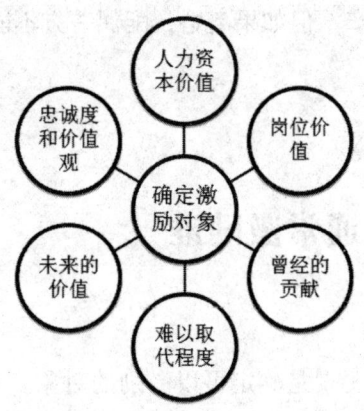

图2-5 选择股权激励对象的标准

下面，针对此六项标准，总结出三种必须要予以股权激励的人员。

2.3.1 与企业价值观高度相符的人

能够高度认同企业的价值观，这样的员工非常难得。如果是企业的创业者，就相当于找到了与自己志同道合的同志，向着同一个目标奋力前行。与这样的人并肩，内心有无形的安全感。因此，当企业做到一定规模后，一定不能辜负这样的战友。

> 泰格医药在上市不久，就实施了股权激励计划，以增发的形式授予中层管理人员和核心人员共300万份股票期权。这样的激励在企业内部反响很好，而更令人叫绝的是对三名资格最老的员工也进行了股权奖励，虽然一共只有7511份，但仍然起到了激励年轻员工和鼓励员工长留的目的。其实，这三名老员工若以能力评定，并不足以得到股权奖励，但他们认同公司的价值观，一直以饱满的热情和积极的态度参与企业发展，这是大家有目共睹的。

其实，认同企业价值观的员工从工作态度上就能看出来，虽然能力不出众，贡献不突出，但他们的精神也是支撑企业发展的动力之一。

因此，在准备对价值观高度相符的员工进行股权奖励时，就不应该过多考虑能力和业绩，毕竟能长留企业多年，通常具备了相应的能力，也有不小的贡献。到此可以看到一个平衡点，即价值观要高度相符，能力也不能太低，贡献更不能太少，避免出现有人假借价值观相符留在企业里混日子的现象。

2.3.2 对企业未来发展至关重要的人

未来是企业长期的追求，而能保证企业持续发展的关键因素就是人才，在进行股权激励时，应主要面对关键性人才。

所谓关键性人才，我们给出两类定义，一类是"当下英雄"，即正在对企业发展起着至关重要作用的人；另一类是"明日之星"，是未来的人才储备，企业发展的保障。

某企业准备实施一次股权激励，对象包括公司董事、高级管理人员、业务骨干，一共960人，占公司在册员工总数的2.7%。形式是股票期权，数量为13000份，占公司发行总股本的2.85%。在此次激励计划中，有893人为研发、销售等部门的核心骨干。

通过该案例可以总结出一点，企业进行股权激励不是发放福利，人人有份，而是针对那些能对企业发展起到关键作用的人。

那么对企业发展至关重要的人有哪几类呢？

（1）核心技术人员。并非一般技术人员，而是要掌握核心技术，如果是科技型企业，这类员工则更加重要，被看成命脉。

（2）经营管理人员。管理决定了企业的发展走向，管理进行得好，企业就能在正轨上不断前进，否则就会越管越混乱，越乱越难管。

（3）财务主管。不要简单地理解为管钱的人，而是能为企业节省不必要开支的人，这不仅是对能力的考验，更是对责任心的考验。

2.3.3 对企业发展做出过重大贡献的人

通俗的说就是功臣，在企业发展的不同阶段做出过突出的贡献。在一些已经成长起来的企业中，"功臣"是相当敏感的一类人，奖励的不够怕功臣有微词，奖励得过了怕功臣居功自傲。其实，不论够还是不够，更多的也怕其他员工有意见，毕竟企业对待功臣的态度可以直接影响其他人对该企业的看法。不薄待也不纵容老功臣，有利于激发新生力量的斗志。

因此，对于有功之臣，企业必须给予适当的奖励，奖励的形式除了工资、福利之外，还有企业股份或分红等。

2016年，因为微信团队成绩突出，线下收益超过了支付宝，成为国内第一支付巨头。为此，马化腾在腾讯设立的"名品堂"奖励微信团队1亿元。"名品堂"是腾讯公司专门针对公司级里程碑产品而设立的最高荣誉，奖励的也是最高级别的公司级的功臣。

2.4 选择激励类型要与"司"俱进

股权激励有很多种类型，在下一章会针对此问题进行专门论述。在本章确定股权激励的要素中，定下了目标和激励对象后，可以据此设定激励类型。

不同的激励类型在没有参照物的情况下，没有孰优孰劣的区分，都有其各自的适应范围。这里所说的具体参照物就是行业、企业，不同的行业与不同的企业及企业的不同发展阶段，可以选择的股权激励类型各不相同（见图2-6）。

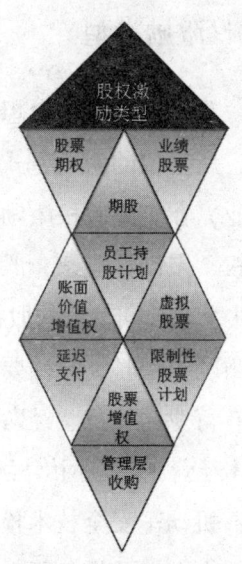

图2-6 股权激励类型

上述这些激励类型，如果不结合行业或企业的现状而盲目实施，都不能达到激励的目的。而一个理想的股权激励方案，应该是兼顾短期激励与长期激励，同时具备较强的激励性与约束性，而且不能给企业带来较大的现金压力。

准确理解这句话非常重要，短期激励能够让被激励对象在短期内获得收益；长期激励能够让被激励对象在较长时间内获得收益。这是一名员工在为企业工作中所期望获得的组合收益方式，短期经济保障与长期经济保障都能满足。对于企业来说，能够保证激励的有效性是激励的核心目的，同时要对激励计划和被激励对象同时产生约束。而激励能长期进行下去要得益于企业的良好运转，这其中就包括有充足的现金流，如果激励计划超过企业的承受能力，则会给现金流造成压力，甚至带来崩裂的危险。

虽然每一种激励计划都有各自的优势，但也都有各自的劣势，这就意味着任何一种单纯的激励模式都很难同时满足上述要求，需要企业在设计股权激励方案时采用多种模式组合，以最大限度地弥合劣势而彰显优势。

2.4.1 以企业性质定股权激励类型

在制定股权激励计划时，我们很自然的会想到上市企业与非上市企业的区别，因为企业的性质不同，所采取的激励方式一定会有不同。就像上市企业或在"新三板"挂牌的企业，在实施股权激励时，通常会选择比较成熟的激励模式，如期股、股票期权、限制性股票、股票增值权等。而非上市企业应以短期激励为主，结合关注企业长期价值的股权激励的组合模式。

其实，在企业选择股权激励类型时，必须要考虑企业的性质，但绝不仅限于上市与非上市两种，还有行业的特色、经营方式等，比如，是以科技为主，还是以制造为主；是实体经营，还是网络经营。

某公司的经营范围包括：机动车安全技术检验、汽车技术咨询、环保材料销售、汽车配件、房屋租赁中介以及设备租赁。该公司为"新三板"挂牌企业，因此在选择激励模式时应参照上市公司的激励形式。

现在提问：该公司应该确定为怎样的性质，也就是按照什么公司性质来确定股权激励类型？

一定有人对机动车安全技术检验这一经营范围很在意，认为应该定义为服务性质。但事实却是，该公司是以汽车配件销售、汽车性能维护、房屋租赁和设备租赁为经营主体，车辆检测资质并不是主体。所以，该公司是销售性质，适合采用业绩股票的方式进行激励。后来该公司决定以股票期权的形式实施激励，草案确定后，激励方案报请全国中小企业股份转让系统，按规定在制定的信息平台予以披露。

2.4.2 以企业经营现状定股权激励类型

一家专门从事健身、美容、职业培训、技术咨询的健身美容连锁公司，在准备实施股权激励时，考虑到需要结合公司的经营现状进行专业设计，就聘请了专业的股权激励策划公司。

策划公司经过调查发现，该连锁公司定位于高端健身美容服务，目前拥有十五家连锁美容院、一家健身俱乐部、一个美容化妆职业培训学校。针对这样的现状，采取统一的激励方式显然不合适，毕竟有总部和门店之分，还有各地区差异的区别。最后经过慎重研究讨论，决定针对公司的不同层级（总部和门店）采取不同的激励方式。对总部的优秀员工采取期权和期股激励方式，对门店表现优异的员工采取干股分红的激励方式。

通过这一案例能够清楚表明，股权激励必须结合企业的发展现状，该分类时分类，该组合时组合，需要从激励的目的出发选择最佳激励类型。

2.5 满足约束条件，解封激励限制

获得任何收益都需要一定的条件限定，达到了条件，收益之门自然打开，否则就将长久关闭。对于条件的限制可以分为企业条件与个人条件两项（见图2-7）。

企业条件	个人条件
• 企业经营目标：超越行业平均净利润指标为基本条件（以财务数据高于行业平均水平为衡量标准） • 企业战略目标达成状况：包括经济目标和非经济目标、定性目标和定量目标（通过设置"跳起来够得着"的业绩指标作为股权激励的条件之一）	• 授予条件：授予激励对象股份时，激励对象必须满足职务、工龄、绩效结果、工作表现、工作态度、价值观符合程度等一些列评价标准（必须得到董事会或股东会批准） • 行权条件：激励对象对该股份行权时必须满足的条件通常与业绩有关，如公司业绩、公司利润、公司增长率、激励对象行权期内绩效考核结果等

图2-7　股权获取与行使的条件限定

图 2-7 清晰地表明了获得股权与行权应满足的条件。首先是企业条件，必须在超越行业平均水平和达到企业战略目标后，才能考虑进行股权激励。具体要激励的对象，也需要满足授予条件和行权条件这两项个人条件。

2.5.1 时间不是条件，业绩才是

有一个问题需要注意，就是满足条件的因素应该是业绩，而不是时间。

如果以时间为满足条件的因素，激励将变成福利，失去了原本该有的意义。比如，在进行限制性股票或期权等模式激励时，要求在未来的某个时间节点才能行使自己的权利（行权期），就很容易被误解为企业确定的条件是时间期限。必须要明白，行权期只是期限截止日期，是股权激励的时间，而非条件。到了截止日期而条件尚未达到的，就不能行使权利。

分豆教育在2014年实施的一项限制性股权激励计划中，采用积分制对获得股权的条件进行限制。首先，公司将激励对象分为两类，分别以北京贤归秦投资管理中心和北京地归秦投资管理中心为股权激励载体。当全年最终评分在120～140分（含140分）的合格员工，可以认购北京地归秦投资管理中心的股票（总计400万股，每股8元），自激励对象获得股份之日起自愿限售期为四年。评分在140分以上的优秀员工可以认购北京贤归秦投资管理中心的股票（总计600万股，每股8元），自激励对象获得股份之日起自愿限售期为两年。

通过分豆教育的案例可以看出，评分就是条件。员工必须提升业绩以使评分达到两个标准中的任意一个，方可成为被激励者。而限售期则是对激励对象行使权利的时间条件。

2.5.2 达到标准后需要经过股份锁定期

当员工业绩达到条件要求后，是不是就可以立即拿到股权激励的经济好处呢？是不可以的，还会有一个诸如股份锁定期的限制。

必须要明白股份激励不同于业绩奖励，业绩奖励通常以现金方式兑现（奖金、提成、分红等），但通常奖励的金额不是很多。股权激励则是一种能够获得激励的资格，不能立即获得经济回报，而一旦转化为直接经济收益则相当可观，而且是长期性的。

比如，上市公司或者"新三板"挂牌的公司，在获得以内部低价买入股票的资格后,必须经过一个锁定期,才能真正开始行使权利。这样做的好处是,如果公司上市,用于激励的股票均来自增发所得,价格低;如果条件满足后立即行权,势必会影响到公司股票在市场上的价格。而且,在锁定期也可以对公司未来的成长性做进一步期盼,员工希望与公司一同成长的意愿会更足,对员工有增强性的激励作用。

2.5.3 未能行权的解决办法

当然,条件定下了之后,并不能保证一定能被实现,若是被激励对象达不到行权条件或者达到条件但未及时行权的,应该如何应对呢?

根据问题可以分为两种情况:①激励对象的业绩或企业的业绩未能满足行权条件,则当期的股权激励计划不能实行,这部分股权激励计划的标的应由企业进行注销或按照原授予的价格予以回购。②激励对象的业绩符合行权条件,而企业的业绩也达到了行权条件,但激励对象未在行权期内全部行权,企业本着对员工负责的态度,应该及时处理此股权遗留状况,方法仍然是将激励对象未行权部分的股权进行注销或者按照原授予价格回购。

之所以要写明达不到条件之后的解决方式,是因为被激励对象一定不愿意参加有可能让自己遭受经济损失的股权激励计划。因此,一般企业通常都会进行约定,如果激励对象不能行权或者放弃行权的,企业会以激励对象支付的成本价及相应的利息予以回购,这种做法就保证了股权激励计划能够顺利实施。

2.6 "分钱"之前为"钱"定价

价格是决定股权激励力度的关键要素之一，另一个关键要素是数量，两者相辅相成。只有达到了平衡点，激励的效果才能最大化。

行权价格是用以购买企业股份的价格，需要企业与激励对象进行约定。由于上市公司和非上市公司的经营规模和经营特点差异较大，因此行权的价格也各不相同，用以确定行权价格的方法也不相同。

2.6.1 非上市公司的定价方法

对于非上市公司来说，总股本就是企业的注册资本。而股权激励涉及"标价"，也就是确定每股股价，公式为：

$$每股股价=公司估值÷总股本$$

确定了标价，却不能以标价进行股权出让，因为标价是公司股价的常规价格，以此价格出售股权起不到激励作用。因此，标价只是参考，"出价"才是实际购买价格。出价可以低于、等于、高于标价，分别称为"折价""平价""溢价"。通常情况下，为了起到激励目的，企业会采取折价或送股的方式。

上述我们讨论了定价的基本方式，下面将讨论运用哪几种方法来确定股价。

1. 净现金流量折现法

该方法是企业价值评估定价在理论上最为有效的，但对现金流的预估和折现率的选取需要专业的财务知识,另外也需要对行业前景有准确的预判。在计算公司净现值时,把公司整个寿命周期内的现金流量以货币的时间价值作为折现率。在确定公司股份价格时,需要按照一定的折扣率。

具体运用该方法要注意两点:①对企业未来存续期各年度的现金流量,需要科学合理的预测;②必须找到一个对各方都合理的公允折现率,折现率的大小由未来现金流量的风险决定,风险越大,折现率越高。

2. 资产价值评估定价法

步骤1:对公司的每项资产进行评估,得出各项资产的"公允市场价值"。

步骤2:将各类资产的价值相加,得出公司的总资产价值。

步骤3:用公司总资产价值减去各类负债的公允市场价值总和,得到公司股价的"公允市场价值"。

步骤4:设定公司的总股本,用公允市场价格除以公司总股本,得到股权激励授予时的价格。

3. 市场评估定价法

这种方法运用的关键是在定价过程,对同行业中具有可比性的几家公司进行比较,从而算出本公司的股价价格。因为有横向可比性,所以这是一种相对更加客观、准确的方法。

首先确定参考公司,要求是规模和发展历程相类似。再根据这些参考公司的净利润、净资产或现金流量等指标,依次算出这几家参考公司相关指标的价值比例和平均比率,再根据本公司的相同股价指标推断出公司的价值。最后一步是设置总股本,用总价值除以总股本就得到公司的股份价格。

4. 净资产定价法

设定公司的总股本,然后算出公司的净资产,用净资产除以总股本,得到公司的股份价值。如设定公司总股本为2000万股,公司的净资产为1.2亿元,则该公司的股份价值为6元/股。

5. 综合定价法

该方法需要综合考虑销售收入、净利润与净资产定价,分别对这几项赋予不同的权重，计算出公司的总价值。再设定公司的总股本，用计算出的总资产除以总股本，得到公司的股份价值。

6."有形资产＋无形资产"定价法

需要综合考虑公司的有形资产和无形资产，并根据现实状况赋予不同的权重，以计算出公司的总价值。再设定公司的总股本，用总资产除以总股本，得到公司的股份价值。

2.6.2 上市公司的定价方法

"上市公司在对激励对象进行股权激励时，应当确定行权价格"，这是《上市公司股权激励管理办法》第24条所规定的。同时，明确行权价格不应低于：

（1）股权激励计划草案摘要公布前一个交易日的公司标的股票收盘价。

（2）股权激励计划草案摘要公布前30个交易日内的公司标的股票平均收盘价。

（3）股权激励股票的发行价格不低于定价基准日前20个交易日的公司股票均价的50%。

具体定价方法依照激励股票的来源——存量或增量而定。

如果激励股票来源为存量，按照《公司法》中关于回购股票的相关规定，激励对象不用出资购买作为奖金性质的股票。

如果激励股票来源为增量，也就是公司通过定向增发的方式取得股票（股票的定向增发），应参考《上市公司证券发行管理办法》中有关定向增发的定价原则，同时结合股权激励的效应予以正确定价。

上市公司定向增发股票的定价公式如下：

定价基准日前20个交易日的股票交易均价＝定价基准日前20个交易日的股票交易总额÷定价基准日前20个交易日的股票交易总量

其中，"定价基准日"是指计算发行低价的基准日。定价基准日可以是关于本次非公开发行股票的董事会决议公告日、股东大会决议公告日、发行期首日。

  2017年第二季度，上市公司科大讯飞董事会决定，向激励对象授予限制性股票激励计划。授予激励对象为922名，共授予6258.4万股，首次授予权益的日期为2017年4月21日。当时，科大讯飞在二级市场上的股价为三十多元，而激励计划首次授予价格为13.795元。显然这一价格低于股票均价的50%，公司在股权激励草案中做出充分分析，披露其对股东权益的摊薄影响，并上报中国证监会—上市公司监管部—提交重组审核委员会，讨论后予以审核，经同意后方才实施。

总之，上市公司在实施股权激励时，一定要按照《上市公司股权激励管理办法》中的相关规定。如果授予股票的价格过低，则应上报中国证监会予以审核，只有通过后才可实施。

2.7 股权激励总量与个量的分配

上一节开篇已经说过，激励股权的价格和数量是决定激励力度的关键因素，包括企业应该拿出多少股份用于激励，激励对象的股份所得应该是多少？都不是随便就能制定出来的，需要经过严谨、科学、客观的评估。确定股权激励的额度不只是出于成本和收益的考虑，还是对股权激励计划效果的考量。

2.7.1 股权激励总量的确定

股权激励计划在有效期内授予的股权总量,上市企业应结合本企业股本规模的大小和股权激励对象的范围、股权激励水平等因素确定;非上市企业的股权激励总额度,法律并没有强制性规定,企业可根据需要自行决定,但仍然要结合企业的现状,不能盲目设定。因此,设计股权激励总量时需要考虑几项因素(见图2-8)。

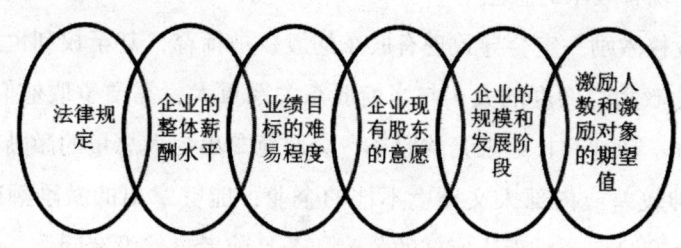

图2-8　设计股权激励总量的考虑因素

1. 法律规定

《上市公司实施股权激励管理办法》规定,上市公司在实施股权激励计划时,所涉及的标的股票总数累计不得超过公司股本总额的10%。华业地产于2011年授予企业激励对象共800万份股权,约占当时企业股本总额的1.24%;青岛海尔在2014年公布的第四期股权激励计划中,公告拟授予激励对象共计5456万份股权,约占当时企业股本总额的2.01%。这两家公司的激励股权总量都未超过股本总额的10%,符合法律规定。

2. 企业的整体薪酬水平

企业的整体薪酬水平与准备实施股权激励的总量成正比关系。如果企业的整体薪酬水平比同行业其他企业偏高,激励总量可以少一些;如果企业的整体薪酬水平比同行业其他企业偏低,激励总量就需要多一些。总之,原则只有一个,就是最终使员工的收入(股权激励所得收益+薪酬+福利)达到或者超过行业平均水平。

3. 业绩目标的难易程度

企业业绩的完成度除了与员工能力相关之外，也与目标的难易程度相关。如果业绩目标的难易程度较高，则完成目标的难度就大，激励对象就要付出更大的努力，股权激励就应加大力度，这会导致股权激励的总额增加。反之，就是业绩目标的难易程度较低，则完成难度就小，激励对象付出的努力也小，股权激励的力度也应适当降低，因此股权激励的总额度也将减少。

4. 企业现有股东的意愿

实施股权激励一定会导致现有股东的股权被稀释，甚至权利也需要一定让渡，因此激励总额度的大小与当前股东关系重大，需要争取他们的意见。若是具有分享精神和长远眼光的股东，会愿意拿出更大总量的激励额度；若是分享精神较差或内部人文环境不佳的企业，能够拿出的激励额度必将受限，甚至会有股权激励无法实施的危险。若是前者自然没有问题，但若是后者，就需要企业从管理上入手进行彻底整顿了。当然，也不能单纯地为了激励而不顾一切，还需要考虑股东控制权及留存股票的最高额度（当下股东所能忍受的股权稀释的最大限度）。比如，华为的创始人任正非只持有1.01%的企业股份，这是极具分享精神的。因此，华为凝聚了国内外一批顶尖研发和管理人才。

5. 企业的规模和发展阶段

如果企业规模较小，尚处在中低级发展阶段，股权激励的总量就该大一些，否则绝对金额太小，没有吸引力，难以产生激励效果。当企业发展到较大规模之后，股权激励的总量就可以小一些，一则因为企业在发展阶段通过股权激励和股权融资两项，已经散出了大量股权；二则因为企业体量大，虽然股权总量小，但仍然能保证绝对金额的吸引力，能够产生有效的激励作用。

6. 激励人数和激励对象的期望值

可以分为四种情况考虑。

（1）如果激励对象的人数较多，且激励对象中有人对企业的贡献很大，贡献大的个体一定对股权激励期望很大，其他个体也会紧盯着贡献大的个体的股权所得，这个时候就要拿出相当数量的股权用以激励。

（2）如果激励对象的人数较多，即便激励对象的期望值不高，也要拿出相对较大的股权总量用于激励。

（3）如果激励对象的人数较少，且激励对象的确对企业贡献巨大，那么，激励对象一定对激励的期望值很大，用于激励的股权总量就要多一些。

（4）如果激励人数很少，对激励的期望值也不高，可以拿出少量股权用于激励，但也要控制下限，过少容易则丧失人心。

2.7.2 股权激励个体额度的确定

对于个体额度的确定，需要遵循"3P元素"——岗位因素（Position）、个人因素（People）、绩效因素（Performance）。

结合我国企业股权激励的现状，在施行之前必须考虑这3个因素，才可以决定授予各个激励对象的股权分额（见图2-9）。

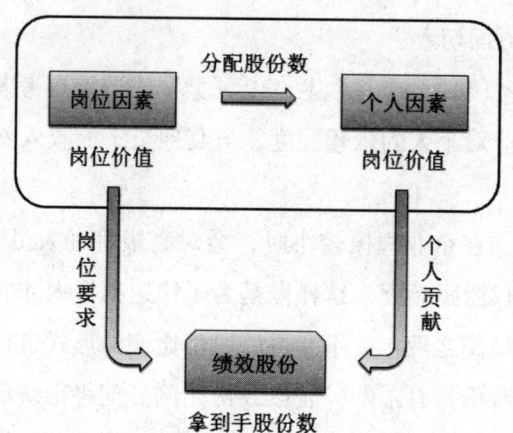

图2-9 股权激励个体额度确定的三要素

1. 岗位因素

具体指岗位的贡献价值。不可否认，企业中的岗位之间从工作性质到贡献程度是有差异的。因此，要对岗位在企业中的影响范围、职责大小、工作难度和强度、任职条件等进行评价，以确定各种岗位在企业中的相对价值。

常用的方法有"海氏岗位价值评估法""岗位分类法""交替排序法""IPE岗位价值评估法""岗位参照法""因素计分法"等。

2. 个人因素

对于企业人员的价值评估可以参考很多维度，如价值观认同度、历史绩效、工作能力、责任心、工龄等。不同企业应根据自身情况采用不同的评估方法，但总体可以借鉴以下三个步骤：首先，选定对企业最重要的几项评估因素；其次，对各个因素赋予相对应的权重；最后，通过数据的录入和处理计算出个体的价权得分，作为个人因素的最终得分。

3. 绩效因素

该因素决定了激励对象获得的股权最终可行权的数量。绩效指标通常由公司级指标达成率、部门级指标达成率、个人级指标达成率组成。

公司级绩效指标包括公司营业收入、净利润、净资产收益率等；部门级指标通常指部门经营计划的完成情况；个人级指标可从工作任务、岗位职责、流程节点等方面切入。

在实施绩效考核时，除了上述"3P元素"需要重点考虑外，还应该考虑另外三项，即企业对个人的依赖程度、与其他员工的收入差异、同行竞争企业的薪酬水平。

通常情况下，在企业规模较小时，会对高级管理人员予以5%～8%或者更高比例的股权激励额度，这样做是为了快速招揽人才和形成凝聚力。当企业发展到一定规模之后，就不能再以股份比例的形式进行激励了。因为涉及的对象多，而股份是有限的，若按股份比例分配将很快消耗掉企业的股份余额。因此，可以按照股权数进行激励，也就是将企业的股本用一个直观的数据表示出来，如3000万股、9000万股等；而准备用于激励的股份数额也用数据表现出来，如211万股、1315万股等。

下面有三个案例，阅读后分析每个案例股权激励个体额度的确定方式：

案例1：某公司决定用股权激励的方式留住贡献重大的人力资源总监。通过对市场和同行业调查，知道该职位一般授予的股权数量在25万～60万股。公司决定授予该总监55万股股权。

案例2：某公司为了更好地调动核心管理人员和研发人员的工作积极性，而进行股权激励。激励对象获得股权额度的形式是个人价值评估得分和个人贡献价值评估得分之和。

案例3：某公司确定高管A在获得股权激励并兑现后的总金额为300万元。此后公司根据股权价格模型，估算出A获得的股权在行权时的估价大概为12元/股，则公司授予A的股权数量是25万股。

这三个案例分别采用了3种个体额度的方法。

案例1采用了"双参考模式"，就是基于薪酬基础，既参考某一职位可授予股权数量的市场水平范围，也参考企业内部职位的重要性和价值性，通常需要高于市场平均水平。

案例2采用了"双评估模式"，以价值评估模型和贡献评价模型为基础，针对每位激励对象对企业的价值输出和贡献程度进行评分，并按照得分占总分的比例进行股权分配。

案例3采用了"单面确定模式"，需要预先设定给予激励对象的股权在兑现后的总金额，然后根据股权价值模型推算出授予的数量。

总之，企业授予激励对象股权时，应根据当下经营的具体状况，以及未来的发展前景。如果是上市企业，还要综合股价在市场上的表现，再决定最终的授予价格和数量。

2.8 激励各环节的时间确认

实施股权激励计划需要准确把握激励的时间。注意，这个时间不是单纯的股权授予时间，而是整个激励过程中各个环节的时间设定，也就是要合理地安排授予时间表。

在讨论股权授予时间之前，先来看看授予的时机如何确定。因为股权激励往往是针对企业中的个人，所以，激励的时间元素也将从个人角度考虑，比如，入职时、升职时、业绩评定时、业绩指标下达时、取得重大技术成果时、企业实现跨越式发展时等。

经过广泛的调查研究得到的结论，往往在员工（按级别区分）入职、升职、下达业绩目标时授予股权的情况最多，而业绩评定时或取得重大突破时授予股权的情况较少。也就是说，面向未来比获得成绩取得后常用股权激励，这也是股权激励的重要价值所在。

企业在上市前和上市后都可以进行股权激励。上市前的股权激励效果最好，只是设计和实施比较困难；上市后的股权激励效果要看方案设计的合理性和公平性，但实施方便，套现方便。

2.8.1 股权激励的有效期

实施股权激励的企业，必须明确规定股权激励的有效期——即从激励对象开始获得股票或期权之日起，到结束股票或期权锁定的日期。激励对象可以在有效期内努力工作，创造出好业绩，当到期后通过考核，就可以行权，得到属于自己的收益。

授予日就是起始日期，股权激励方案确定后，企业授予激励对象股权行为的实际发生日期。明确之后有利于员工安排自己的工作。

解锁日就是结束日期，激励对象在规定时间内通过企业考核后，就可以解锁股权，行使自己的权利。明确之后有利于打造企业诚信。

某公司发布了限制性股票的股权激励计划，并规定本计划的有效期，起始日是限制性股票授予之日，结束日是激励对象获授的限制性股票全部解锁或回购注销之日，时间跨度为最长48个月。为了起到更好的激励作用，还在中间划分出了第一解锁时间，设定二级起始日和结束日，分别是，自首次授予日起满一年后的首个交易日，首次授予日起两年内的最后一个交易日，此次解除限售比例是40%。

对于非上市企业来说，授权日没有法律限制，可以自行确定。但对于已上市的企业来说，在设定起始日和结束日时，还要知道授予日必须为交易日，而且需要遵守以下原则（见图2-10）。

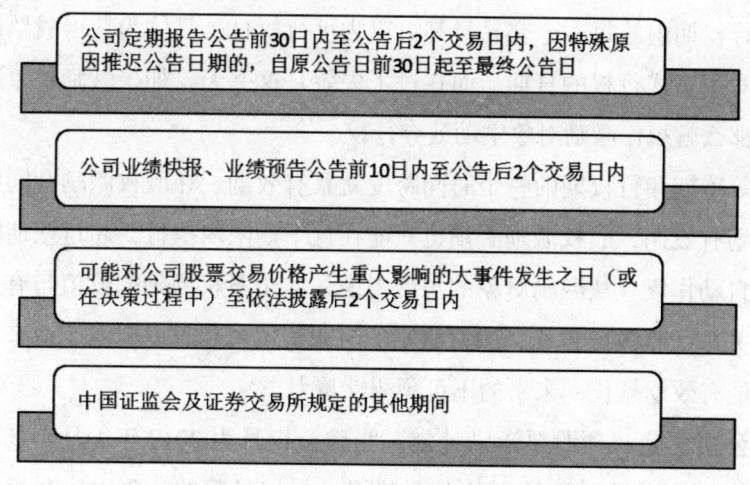

图2-10　上市公司设定有效期需遵守的条件

2.8.2 股权授予的时间轴

一份详细的股权计划不仅包括授予日和解锁日,还包括等待期、行权期、失效日和有效期,统称为"三日三期"(见图2-11)。

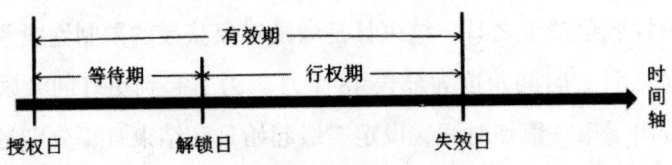

图2-11 股权授予时间轴

我们已经了解了授权日,那么,在接下来的等待期中,激励对象不能立即行权,需要等待一段时间。在解锁日后(等待期到期),激励对象可按事先约定一次性或逐步获得行权的权利。

等待期结束后,从解锁日开始至行权期失效日的这一段时间就是行权期。在行权期内的每一个交易日都可以为可行权日,具体为获得股票或期权的激励对象正式行权的日期。而在过了失效日这一天,如果激励对象还没有行权,那么就视作激励对象主动放弃行权。

而等待期和行权期的整个时间跨度就是有效期。在股权激励合同中必须明确规划有效期,股权激励必须也只能在这个期限内执行,超过该期限,激励计划自动作废。从激励对象的角度考虑,鉴于股权激励的价值与有效期呈正相关关系,有效期越长,股权激励的时间价值就越长。但对企业来说,股权激励的有效期越长,未来的不可预测性越大。

某公司实施一项股票激励计划,明确授权日为2017年1月1日,行权有效期设定为激励对象被授予股票期权自授权日起的4年内。在有效期满后,已授出但尚未行权的股票期权作废,由公司注销。2019年4月,公司董事会做出决定,行权期自当月16日后的一整年内,激励对象可自主行权部分股票。这期间的任何交易日都是可行权日。禁售期就是从 2017 年 1 月 1 日至 2017 年 4 月 15 日。

在制定股权激励计划时,时间点的设定非常重要,必须要确定好,尤其是上市企业,如果时间点模糊,则无法通过中国证监会的审核。即便是对于非上市企业,时间点模糊也会为激励对象带来隐患,将不利于企业的长远发展。

2.9 股票和资金要合理合法

任何一家企业都有自己的价值,价值的体现在于估值方面,估值的最直接表现就是企业股票的价格和企业的现金流量。将企业的估值做大,定期进行股权激励是非常有必要的,而进行股权激励需要股票份额和资金流量来支撑,那么,这些股票和资金的来源是哪里呢?

2.9.1 股权来源

在股票来源上,非上市企业的操作很简单,只要现有股东同意有偿出让或无偿让出一部分企业股票即可。但已上市企业的操作就复杂得多,需要股东大会审批,还需要证监会审核。上市企业实施股权激励的股票来源有四种形式。

(1)以定向增发的形式发行的股票。

(2)企业大股东自愿无偿或有偿地拿出一定数量的企业股票,只用于股权激励计划。

(3)企业使用资金(用于激励的营业利润或通过融资等方式获得的资金)从二级市场上直接购买企业股票。

（4）在符合法律法规的前提下，企业采取的其他方式获得的企业股票。

某上市公司在实施股权激励计划时，分为股票期权激励计划和限制性股票激励计划。激励对象为公司董事、高管人员、中层核心人员、技术骨干、业务骨干，但独立董事、监事、持有公司5%以上股份的股东及其配偶、父母或子女。本次股权激励计划的股票来源是公司向激励对象定向发行A股普通股，属于发行股票的形式。

对于上市公司而言，制订股权激励计划一定要表明股票来源，否则，即使股东会与董事会通过了方案，中国证监会也不会通过审核。

2.9.2 资金来源

企业实施股权激励的资金来自哪里？

或许有人回答，资金当然来自企业了！其实，股权激励计划的资金不一定来自企业内部，还有一些外部渠道。对于非上市企业，用于股权激励的股票是股东让出，所以不存在资金来源的问题。但上市企业股权激励所用的资金，一定要注明资金来源（见图2-12）。

激励对象的薪酬： 用激励对象的部分工资和奖金购买公司股票用以激励	激励对象直接出资： 激励对象以自由资金购买公司股票，公司则以有偿的形式将股票或期权以优惠价格卖给激励对象
分红抵扣： 可以用公司的部分分红资金，也可以用拥有公司股票期权的激励对象拿到的分红资金，以公司的名义回购二级市场上的公司股票	企业资助： 此种情况出现的比较少，公司或激励对象用其他企业资助的资金来购买激励股票或期权

图2-12 股权激励计划的资金来源

上市企业在实施股权激励时，通常会采用定向增发股票的形式，所以，不需要企业直接出资，但激励对象要直接低价购买增发股票或期权。

某上市公司首次实施股权激励，拿出 2000 万份股票期权授予激励对象。在激励计划有效期内的可行权日，每份股票期权都可以以行权价格和行权条件购买 1 股公司股票的权利。公司用以实施激励计划的股票来自公司向激励对象直接定向增发的 2000 万份股票，激励对象在获得公司股票期权时股价为 12.5 元/股，激励对象需要直接出资购买。

中国证监会对相关的股权激励有明文规定：上市公司不得为激励对象提供融资和融资担保。

第三章
N种股权激励模式大起底

股权激励可采用的模式有很多种，每一种模式都有其适用范围，而每家企业根据自身发展的现状及未来的走向，也都有着适合自己的激励模式。因此，要在实施股权激励之前先了解这些模式，以便选出最合适的一种或几种。总之，评价某种激励模式的优劣，只能结合现状，来看其能否形成长期的效果。

3.1 期股：先得股权，"多转少补"

期股是企业所有者向经营者提供激励的一种许诺式报酬制度，其实行的前提条件是经营者必须购买本企业的相应股份。

由企业出资，贷款给经营者作为其购买企业股份的投入。所以，得到期股激励的经营者对期股拥有表决权和分红权。而所有权是虚的，只有将所购买期股的贷款全部还清后，才能实际拥有。虽然表决权和分红权是实的，但是分得的红利激励对象不能立刻拿走，需要用来偿还期股，直到偿清为止。

通过这种实施方式可以看出，要想将期股变为实股，需要确保企业的收益达到条件，余出可供分配的红利。如果企业收益达不到条件或者经营不善，不仅期股不能兑换成实股，还有可能把自己的原始投入也亏掉。

某公司是是一家高科技企业，有自主研发的高科技产品，目前员工三百余人，年销售收入超过亿元。借助发展的良好势头，公司决定进行股权激励，激励的对象为三名高级管理人员、三名技术骨干和三名销售骨干。

这九个人总计出资120万元投入到企业作为实股，其中三名高管各出资20万元，其他六人各出资10万元。出资后，每个人除了拥有实际出资额的实股，还配得出资额4倍的期股，也就是高管拥有20万实股和80万期股，其他人各拥有10万实股和40万期股（见图3-1）。相当于企业一次性借给了他们80万元（或40万元），条件是，他们要帮助企业达到经营条件，否则该"借款"不能正式获得。

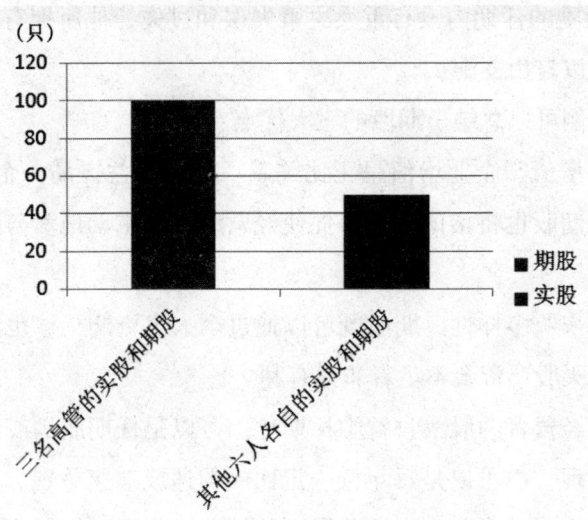

图3-1 某公司"期股"股权激励

以其中一位高管 A 为例,该高管不能以现金形式领取红利,而是要将红利放在企业,用于把相同金额的期股转化成实股,转化期为 3 年。

转化的条件是企业每年净资产收益率达到 33.3%,此时 A 的 80 万只期股平均每年能获得 26.7 万元(A 的期股总额 × 企业净资产收益率)的红利。

这就产生了问题,如果企业净资产收益率达不到 33.3% 或者超过 33.3%,该如何进行期股转化呢?

比如,企业净资产收益率只有 22%,那么,A 的期股红利只有 17.6 万元,距离 26.7 万元还差 9.1 万元。此时就必须以 A 所持的实股红利(20 万元 × 22%=4.4 万元)来补充。但仍然不足的部分,需要个人出资填补,才能进入下一年度计算。

再如,企业净资产收益率达到了 42%,A 的期股红利达到了 33.6 万元,比 26.7 万元多出了 6.9 万元。这部分多余的红利不能立即变现,而要转入第二年计算。

经过三年的"多转少补"后,A 的期股将顺利完成转化,成为实股。如果企业一直持续增长,A 所持有的实股将超过 100 万股。再经过两年的审计,确认 A 在被激励的任期内没有重大决策失误和过失，他所拥有的这部分实股就会生效，可以自由支配。

通过该案例可以总结出期股的三大优点：

（1）股票增值与企业增值呈正比关系。企业效益提高，企业资产增值，个人所持有的期股也将增值，这将促使经营者更加主动地参与到企业经营和长远计划中。

（2）股票来源多样性。期股既可以通过个人出资购买，也可以通过贷款获得，对于购买股票资金不足者非常有利。

（3）企业经营者的股票收益中长期化。可以是任期届满或任期届满后若干年一次性兑现，也可以是每年按一定比例匀速或加速兑现。无论采取哪种兑现方式，都能做到避免一次重奖暴富的情况，也可以缓解管理者与员工因工资差异过大而造成的矛盾。

期股是一种强制性收益激励和权利安排，对职业经理人和企业经营者有很强的约束性和激励性。适合采用期股激励的企业类型有三类：具有明确上市计划的非上市企业、经过改制的国有资产控制企业、国有独资企业。

3.2 股票期权：看到收益再投资购股

上节讲述的期股是一种先拿钱后得到收益的股权激励方式，这样，激励对象的内心会有不确定性，如果企业经营不好怎么办？自己将遭到经济损失。这是很现实的问题。任何人都希望自己的经济利益得到足够的保障，而且，企业经营有很多不确定因素。因此，如果能让激励对象看到收益再投资购入股份，不失为更好的选择。

股票期权就是这样的模式。期权又称为选择权，也就是赋予了激励对象选择的权利,可以选择购买企业股票,也可以选择放弃购买,即股票期权不是义务,而是权利。

那么,究竟什么是股票期权呢?

股票期权也称"认股权证",是指激励对象在交付了期权费后,在规定的时间内(行权期)以协议约定好的价格(行权价),购买一定数量的本企业的流通股票(行权)。

具体实施方式是,企业向激励对象发放期权证书,并承诺在一定期限内或实现协议的条件达成时(如净利率增长率得到保障、开发出新一代产品、实现上市等),激励对象可以以较低的价格购买股权(见图3-2)。

某公司最近两年净利润大幅增加,为了回报员工的付出,公司董事会审议通过了一份股权激励计划,拟定对公司高管和核心技术人员定向发行100万份公司股票期权。行权资金的来源可以分为两部分,一半由个人自筹,另一半以个人自身工资为担保的贷款形式。

行权条件有三项:一是激励对象在行权的前一年度绩效考核必须合格;二是连续两年公司扣除经常性损益后的加权净资产收益率不低于15%;三是行权员工最近三年没有出现过重大违规违纪行为。

该激励方案施行后,管理层的积极性和能动性大幅度增加,公司当年的净利润增长率达到了37.5%,比未激励之前的年复合增长率提高了6.5个百分点。

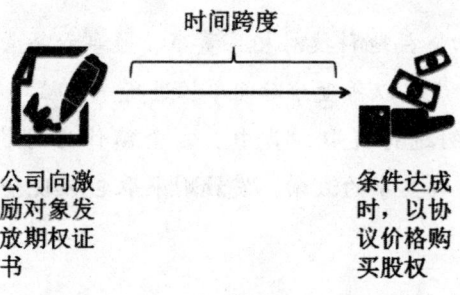

图3-2 "股票期权"激励

本案例中的企业实施股权激励产生了积极作用，企业和个人实现了双赢。那么，股票期权模式的激励具体有哪些优势呢？

（1）保证企业良好增长性。激励对象可以预见到未来的收益，能够更加努力地帮助企业实现目标，从而帮助自己达到可行权的条件。

（2）吸引外部人才。能够将激励对象的利益与企业的长期利益相捆绑，稳定内部人才队伍，也可以强挖外部人才。

（3）降低激励对象的资金压力。在只拥有期权期间激励对象不用付出任何资本，在行权出资时也可以工资担保的形式先行得到股权。

（4）将激励对象的经济风险降到最低。企业将股权以较低价格卖给激励对象，当行权时股价下跌，激励对象可选择放弃，所以损失极小，甚至是零损失。

股票期权的激励模式适用于三类企业：第一类，企业所在行业竞争激烈的，以触发员工锐意进取精神；第二类，企业成长性良好的，激励员工更迅速地拓展市场；第三类，人资资本依附性较强的，能更好地使人才与企业产生黏性。

3.3 业绩股票：推动激励对象冲上更高阶梯

1999年初，福地科技对相关董事、监事和高管人员实施了一项股权激励计划。规定以年度为时间单位进行一次性奖励，按照税后利润，以1.5%的比例进行提取，其中70%金额作为对董事和高管的激励，30%金额作为对监事的激励，发放则采取20%现金加上80%福地科技股票的形式。

这种激励模式就是业绩股票，也称为"绩效股份计划"。是一种非常典型和常见的股票激励模式,通常是在某个时间点企业制定一个合理的业绩目标,在另一个时间点如果激励对象达到了该预定目标,则企业会授予之前约定好的股票份额,或者提取出一定的奖励基金购买企业股票再授予激励对象。

因此,业绩股票常被看做一种短期的激励方式,很多企业在具体操作中也将其用以实现短期关键目标。如果期满时,激励对象未能实现企业预定的目标,则当初被许诺的业绩股票不会得到兑现。

实际上,这种激励方式并非只适用于短期激励,中长期激励也通常适用。因为业绩股票的流通变现通常有时间和数量的限制,如果事先确定的绩效目标是长期的,比如,三年或五年内达到,则激励对象要在若干年内通过业绩考核,才能获准兑现规定比例的业绩股票。

某公司为了有效激励销售骨干,经董事会提议和股东大会表决,决定对销售总监和大区经理实施业绩股票激励。规定,如果销售部门在2019年底完成8000万元销售利润,则奖励销售总监40万元、销售骨干每人18万元作为购买公司股份的资金。如果只完成90%销售利润(含90%),则奖励递减10个百分点,向下依此类推,若低于业绩目标的60%,则没有奖励。如果超额完成销售目标,超额10%,则在40万元的基础上增加10%的现金奖励(见图3-3)。所有奖励都转化为购买股份的基金,股价以2019年初的价格为准。

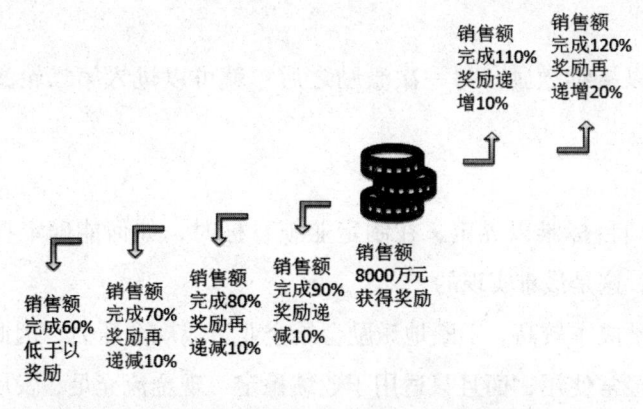

图3-3 某公司"业绩股票"股票激励

假设2019年初的公司股价为4元/股，如果年底销售部门完成了7200万元销售利润，则销售总监只能获得9万股的股份（销售利润完成90%，奖励也只有90%为36万元，除以4元/股得出9万股）。如果年底销售部门完成了8800万元销售利润，则销售总监将获得10万股的股份，同时还会获得4万元的现金奖励（销售利润完成了110%，获得满额40万元奖励，外加增加的10%——4万元现金奖励）。

本案例中的公司采用"业绩股票+股票期权"的方式实施股权激励，一方面能够有效激励销售团队的积极性，另一方面可以控制股份授予的上限。但是该公司的业绩股票激励采用一年为期，属于短期激励。因此，激励缺乏持续性，第二年若想继续产生激励效果，需要再次实施激励，不利于公司股份的掌控。因此，在实施业绩股票激励时，还需要了解该种模式的优势和缺陷，以便能更好地运用。

优势：

（1）激励作用明显，见效快。因为业绩是很直观的指标，激励对象更有动力为之努力，以便早日获益。

（2）对激励对象的约束性强。激励对象很清楚要想获得奖励就要努力实现业绩。

（3）可操作性强，不复杂。只需股东大会通过就能实施，而且计算相对简单。

（4）可以持续激励。每一次激励之后，就可以进入第二轮激励，滚动操作。

缺陷：

（1）业绩目标难以界定。在制定业绩目标时，如何能确定目标的科学性、合理性，这是最难实现的。

（2）激励成本较高。不断地激励会给企业造成现金压力，因此该激励方式并不适合经常使用，而且只适用于业绩稳定、现金流充足、发展前景良好的企业。

3.4 账面价值增值权：以每股净资产作为参照的激励模式

企业以每股净资产的增加值来激励企业高管、董事、技术骨干、特殊人才等。比较适合非上市企业，因为在企业的财务指标中，每股净资产通常是指股东权益与股本总额的比率，以公式表示为：

每股净资产=股东权益÷总股本

所以，账面价值增值权反映的是企业的业绩水准，即每股净资产越高，企业的盈利能力越强，股东享受到的权益越大。

注意，这种增加值不是真正意义上的股票。因此，激励对象并不具有所有权、表决权和配股权。但这种激励方式却可以有效避免股票市场因素对股价的影响，因为激励对象最终能得到的奖励和股价并不相关。

具体的操作方式有两种，一种是购买型，另一种是虚拟型（见图3-4）。

激励对象在激励计划执行之初，按每股净资产值实际购买一定数量的企业股份，在到期后再按每股净资产期末值回售给企业。这是购买型操作。

激励对象在激励计划执行之初，不用实际出资就被企业授予一定数量的名义股份，在到期后，根据企业每股净资产的增量和名义股份的数量来计算收益，据此向激励对象支付现金。这是虚拟型操作。

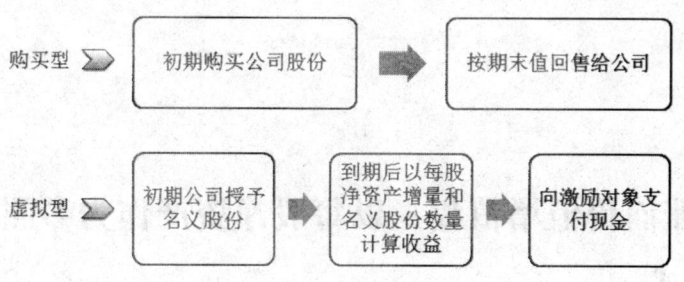

图3-4 "账面价值增值权"激励

江苏中盈在2012年实施的股权激励就是采取了账面价值增值权的形式,具体如下:

公司规定,自2012年开始,每年拨出一定比例的税后利润成立基金,作为企业实施期权激励计划的资金来源。此次激励对象为公司高管、技术骨干、其他业务精英。此次股权激励的授予总额为公司注册资本的10%,即100万股。行权价格以2012年的每股净资产为基准,计算后得出每股净资产为2元,所以行权价格确定为2元。行权时间自2012年起至2014年止,每年的行权比例分别为3:3:4。

此案例涉及"期权激励计划"。其实在股票期权的模式下,如果期权的授予价格是按照股票的每股净资产,而不是按照股票的二级市场价格,同时行权时期的行权价格是按照当时的每股净资产,也不是按照二级市场价格。那么,在这种情况下(授予价格和行权价格都按照每股净资产),股票期权模式在实质上就成了账面增值权模式。

正是因为以每股净资产作为参照价格,而一家企业的每股净资产的增加幅度通常很有限,无法充分利用资本市场的放大作用来提升激励价值。因此,这种激励模式更适合那些现金流量比较充裕、股价相对稳定的非上市企业或上市企业。

最后还要强调一点,账面价值增值权是不能流通、**转让和继承**的,员工离开后将会失去其权益,因此该激励模式有利于稳定员工队伍。

3.5 员工持股计划：个人前途与企业利益绑定

员工持股计划也称"员工股票所有权计划"，是通过让员工持有本企业一定数量股票和期权的方式，从而让员工获得长期奖励的方式。

在实施这种股权激励模式时，需要由企业内部员工出资认购本企业部分股权，或者股东自愿捐出部分股份无偿授予员工，并委托一家专门机构（如员工持股委员会、信托基金会等）以社团法人的身份托管运作，集中管理，按股份分享红利。这意味着，员工持股委员会应代表持股员工进入企业董事会参与公司的各种表决及分红。

员工持股计划的目的有三个：一是将员工个人利益与企业整体利益绑定，形成一种按劳分配与按资分配相结合的新型利益制衡机制；二是员工在持股后等于承担了一定的投资风险，有助于唤起员工的风险意识，激发员工对企业长期发展的关注；三是员工持股对企业的经营有了更多的发言权和监督权，为完善决策、经营、管理、分配、监督机制打下良好基础。

员工持股计划分为杠杆型和非杠杆型两种。杠杆型是利用信托贷款杠杆实现员工对企业股权的收购，非杠杆型是主动的受让行为。

第一，杠杆型员工持股计划。

涉及四个方面：企业、企业股东、员工持股计划信托基金会（员工持股委员会）、贷款银行。具体运作流程见图3-5。

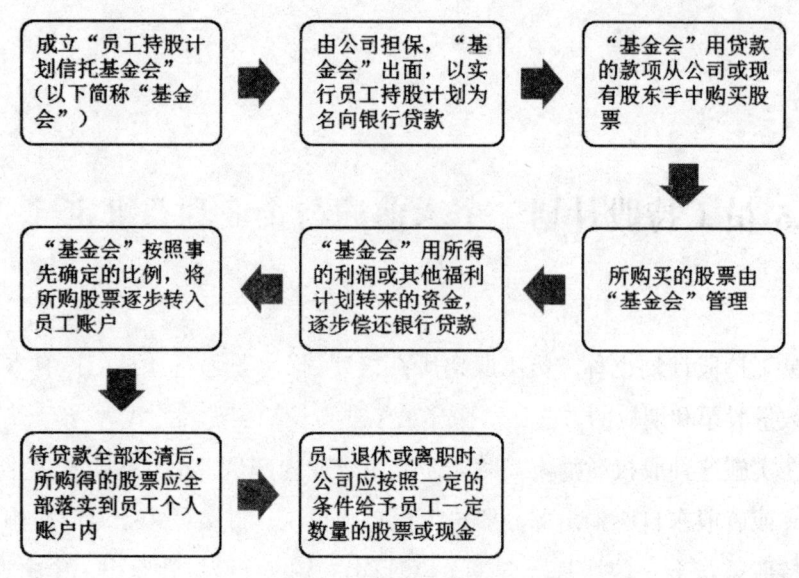

图3-5 杠杆型员工持股计划运作流程

创业板上市公司三六五网，在2014年11月3日实施一次员工持股计划。具体方案由公司四位实际控制人合计拿出360万股公司股票，占控制人实际控制股票的10%。公司没有成立员工持股计划信托基金会和员工持股委员会，而是委托"浙江浙商证券资产管理有限公司"来具体管理本次的员工持股计划。

第二，非杠杆型员工持股计划。

非杠杆型就是不用借助贷款，而是企业每年向员工持股计划信托基金会贡献一定数量的公司股票，或者用于购买企业股票的现金。出于对企业股权掌控能力的控制，这部分股票的价值或现金不应超过参与员工持股计划人员工资的25%。具体运作流程见图3-6。

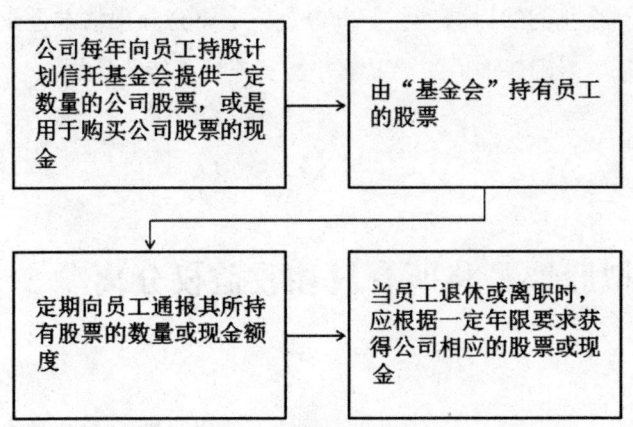

图3-6 非杠杆型员工持股计划运作流程

员工持股计划让员工既享有股权收益，又得到利润收益，对于员工的激励作用是长久而有力的，因此属于长期股权激励。员工持股计划同时适用于上市企业和非上市企业。非上市企业必须由股东拿出相应股份作为实施所需的奖励，而上市企业则不需要动用股东的股份。

但无论是上市企业，还是非上市企业，要想顺利实施这项股权激励计划，都必须确保企业的良好成长性，也就是保障员工获得的股票价值得到了提升，持股员工能够获得收益，否则这项激励计划不仅会流产，还会引发企业经营危机。

与三六五网一样，罗普斯金铝业股份有限公司也是一家上市公司，于2015年8月2日起实施一次为期两年的员工持股计划，截止日期为2017年8月2日。2016年5月3日，员工持股计划信托基金会完成了对公司股票的购买，一共9668042股，占公司当时总股本的3.85%。但员工所持有的公司股票在购买后发布公告日起的12个月内为锁定期，也就是2016年5月4日起锁定，2017年5月3日解锁。但锁定期满时罗普斯金的股价因市场波动，已经低于持股计划实施时的价格了，出现亏损。为了不让员工利益受损，公司股东会决议此次员工持股计划锁定期延期一年。

这个案例给我们的启示是：上市企业一定要充分预估本企业股票在市场的表现，在基本能确保增值的情况下才能实施员工持股计划。

3.6 虚拟股票：将所有权和收益权分离

顾名思义，虚拟股票不是真正的股票，是企业授予激励对象的一种虚拟的"股票"。这类"股票"不在企业股票总量以内，因此又称为"红利股"（见图3-7）。但在企业内部根据规章协议规定，虚拟股票同实际股票想用同样的收益权，也就是说在企业实现了业绩目标后，激励对象可凭虚拟股票享受应得的分红权和股价升值收益。但毕竟是虚拟的，持有者只享有分红权，没有表决权和所有权，更不能转让和出售。在持有者离开企业后，虚拟股票会自动失效。

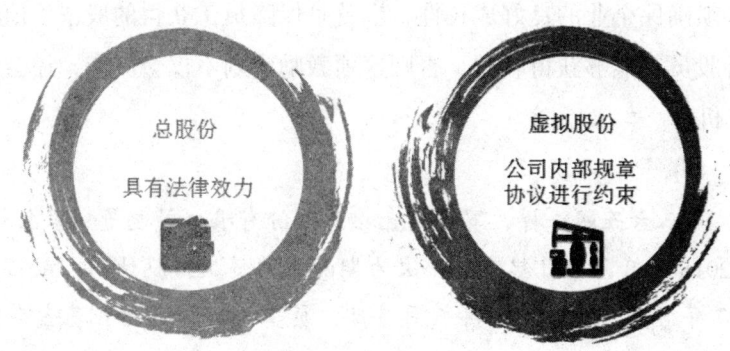

图3-7 "虚拟股票"激励

2011年时，广东省中国旅行社由于经营不善，导致公司业务分散，竞争力低下，市场份额持续减少，员工人心不稳。为了凝聚公司的核心力量，提高员工的工作积极性和对企业的依附感，公司经研究决定实施虚拟股票期权激励机制。通过公司上下所有人的共同努力，逐步恢复了公司在行业中的竞争力，还实现了扭亏为盈，成了国内相对领先的旅游企业。

实施虚拟股票激励，不影响企业总资本和股权架构。在企业实现既定目标后，**激励对象就能得到分红权**，因此具备足够的激励作用。企业业绩越好，激励对象的收益就越多。而且这种虚拟形式有助于避开因市场不确定因素造成的股票价值贬值，对股票持有者也是利好。

凡事有利就有弊，激励对象出于对获得分红的考虑，会过分关注企业的短期利益。并且在企业业绩达到以后，是必须要兑现分红承诺的，可以用现金形式，也可以用等值股票（实际股票）的形式，还可以用"现金＋等值股票（实际股票）"的形式兑现。因为员工等待分红意愿强烈，会导致企业短时间内承受相当大的支付压力。

综合上述优势和缺点可以得出，虚拟股票更适合现金流量比较充裕的企业。尽管虚拟股票支持一种利益驱动下的红利政策，但没有丢失企业决策权的风险，并且在实施过程中无须员工实际出资购买，对员工也是无压力的，只要努力达到业绩目标就可以获得收益。所以，这种形式的激励对企业和员工是双赢的，只要企业现金流充足就可以实施。

某销售公司是为了提升凝聚力，开始在公司内部试行"**虚拟股份赠予与持有**"激励计划，授予对象主要为公司的高级管理人员和业务骨干。具体方式是，按规定每年给员工奖励基金，但不能实际授予，而**要换为公司虚拟股份授予激励对象持有，再在规定的期限内按照公司的股份价格以现金形式分期兑现**。

执行流程见图3-8。

被激励对象在被授予并持有虚拟股份的规定期限内，逐步将所持虚拟股份转换为现金予以兑现，转换价格以企业当时的真实股价为基础。虚拟股票因为会给企业造成现金压力，因此并不适合现金流不充足的企业，必须在实施激励之前对企业现金储备有充分的了解。

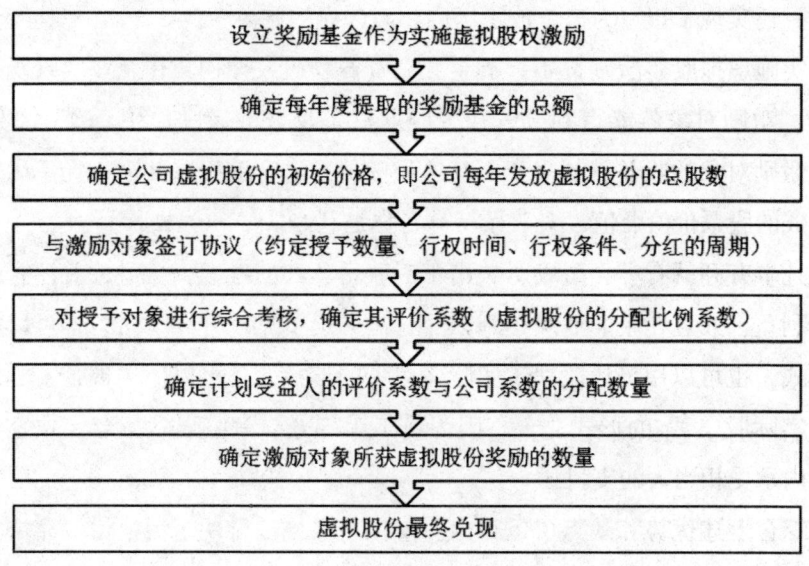

图3-8 某公司"虚拟股票"股权激励执行流程

3.7 股票增值权：以模拟股票认股权的方式获得

所谓"增值权"，是从初期企业授予激励对象股票开始，到期末企业股票增值的部分。计算方式是：

期末企业股票市值－期初约定价格=期末企业股票增值部分

有了对增值权概念的了解，再进一步了解股票增值权，这是企业授予激励对象的一种权利。激励对象不需要实际购买本企业股票，而是由企业按照激励标准将一定比例的企业股票增值权授予激励对象。相当于激励对象通过模拟股票认股权的方式获得。因此，授予股票增值权不是让激励对象真正拥有企业股票，而是只拥有增值权，而不拥有企业的表决权、配股权、分红权。

行权时需按照授予日净资产值为虚拟的行权价格，在规定时段内根据激励对象持有的股票增值权份额，计算出所对应的净资产的增加额度，获得由企业支付的行权收入（现金或相应金额的股票），计算公式如下：

激励对象所得的激励金额 = 期末企业股票增值部分 × 企业授予个人的股票增值权份额

如行权期内企业股价上升（企业授予的股票增值权的股份价格高于授予日净资产），激励对象可选择兑现权利，获得股价升值带来的收益。如行权期内企业股价下跌（企业授予的股票增值权的股份价格低于授予日净资产），激励对象就自动失去激励资格，可以进入下一轮激励周期（见图3-9）。

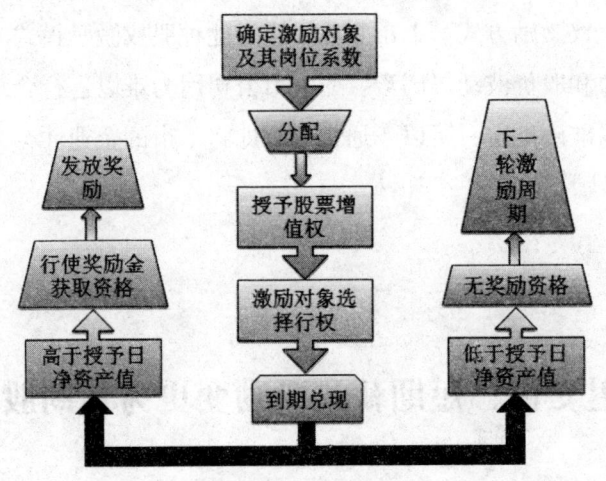

图3-9 "股票增值权"激励流程

在我国，直接应用股票增值权的企业并不多，而账面价值增值权的模式运用较多。但仍不乏有经营良好的企业运用该模式，但几乎都是上市企业，如中国石油化工集团。

2000年10月，中石化在香港上市发行H股，与此同时，集团内部对480名高级管理人员实施股票增值权激励计划。股票增值权的数量为 2.517 亿 H 股，行权价设定为 H 股 IPO 上市价（1.61 港元）。激励计划期限是五年，但在三年后即可行权。其中，第三年和第四年的行权比例达到 30%（即激励对象被授予股票增值权数量的 30%），第五年行权比例则是 40%。

中石化这次股权激励是成功的。到第三年时（2003 年 10 月），港股达到了 3 港元 / 股左右，第五年时则达逼近 4 港元 / 股。中石化按照当时港股价格减去当初设定的 1.61 港元，然后按照比例授予激励对象现金奖励。有意愿继续持有公司股票的，中石化将激励对象的个人所得折合成相应的中石化港股股份进行授予。

总之，股票增值权是一种因企业业绩提升带动企业股价上涨，进而带来利润收益的股权激励方式。上市企业在进行此种股权激励模式时，必须考虑企业盈利能力和股价波动等因素。非上市公司因为难以进行合理的估值，股票价格也难以准确确定，所以，通常只有即将上市的企业才会采取股票增值权进行股权激励。

3.8 延迟支付：短期薪酬激励变更为长期股权激励

这种股权激励形式可以看成企业为激励对象设计的"一揽子"收入计划，主要针对企业高级管理人员。企业将管理层的部分薪酬（年度奖金、年终分红、前期股权激励收入等）按照当日企业股票的市场价格折算成相应的股票数量，存入企业为管理人员单独设立的延期支付账户中。到达既定的期限或者激励对象退休后，再以企业股票或根据期满时股票市场价格以等价现金的方式支付给激励对象（见图 3-10）。

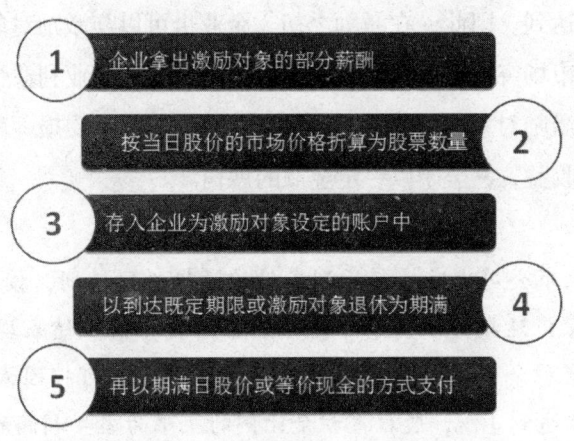

图3-10 "延期支付"激励

激励对象在延期支付中获得的收入主要来自两个部分：一是股票自身的价值；二是几年内企业股票市场价格增值的部分。

比如，企业向赠予激励对象100万股股票，每股价格2元，延迟5年支付，每年可行权20万股。第一年股价上涨到2.4元/股，如果全部行权，激励对象可获得48万元；第二年股价上涨到3元/股，全部行权后，激励对象可获得60万元。这5年中股价在不断变化，激励对象必须努力工作，以求企业股价提升，自己才能获利，如果股价下降，自己的获利将会减少。

可见，延迟支付的股权激励计划让激励对象与企业的利益产生很大关联，想让自己获利大，先要保证企业有更大的获利。因此，该激励方式将对管理层的短期现金激励拉长成为长期股权激励，能够激励管理层从企业的长远利益出发，避免经营管理者的"短视"。而且这类股权激励的方式能将激励对象的部分资金以股票形式授予，具有减税的作用，也对激励对象有一定的吸引力。

如果上述两点可以看作该类股权激励的优点，那么相应的缺点则是，因为二级市场具有不确定性，激励对象无法即刻将股票兑现为现金，所以持股具有一定的风险，这会让持股人对激励的效果产生怀疑，导致激励效果打折。一旦产生激励不到位的局面，势必会影响持股人的工作热情，导致企业既定业绩无法达到。因此，在激励之初，企业也可以与激励对象签订协议，明确说明如果是市场突发因素或环境不可控因素，导致企业利益受损，与激励对象无关；一旦激励对象因工作不力或失职导致企业利益受损，就可以减少或取消延期支付的收益，甚至予以一定金额的惩罚。

某上市公司决定执行延期支付的股权激励计划，授予对象为13名核心高管，延期时限为三年。按照公司当年的业绩表现，核算出一定的股权累积金，在公司业绩目标下限为剔除不可控因素影响后，净资产收益率达到10%，股权累积金比例的上限为当年利润的10%。为了防止激励对象心理怠惰，公司与13名激励对象签订了相关协议，规定若因为激励对象自身原因导致企业目标无法达成，则此次激励计划不予执行。三年后激励对象行权时，公司股价已从当初的15元/股左右上涨到26元/股左右，激励计划顺利执行，激励对象得到了丰厚的收益，此次股权激励计划获得了成功。

延期支付是一种有效避免企业经营短期化的激励模式，所以更适合有着长远目标的上市企业或准上市企业采用。

3.9 限制性股票计划：增强对激励对象的管控

所谓限制性股票，关键就在"限制性"上。虽然每种股权激励模式都不是无偿就能获得的，都需要一定的条件作为约束，但限制性股权激励的条件更为精准和具有监管力度，是一种对激励对象很有管控作用的股权激励方式。

所谓"限制性"是指对激励对象的两类限制，一方面是工作年限，另一方面是企业业绩。

限制性股票的应用是企业按照预先确定的条件，授予激励对象一定数量的企业股票，但激励对象不得在股权激励计划中规定的条件满足前处置股票，只有在规定的工作年限达到或完成特定业绩目标后，方可出售企业授予的限制性股票，从中实现获益。

如果激励对象未能满足激励条件，则企业有权将免费授予的限制性股票或直接收回，或以激励对象购买时的价格进行回购。

对于上市企业和非上市企业来说，这种股权激励方式分别叫作限制性股票或限制性股份。企业采取限制性股票的目的，是激励高管人员的工作热情和对长期目标的关注度。

在我国，企业在授予限制性股票时，需要遵守《上市公司股权激励管理办法》的规定。因此，上市企业在设计限制性股票激励方案时，对获得的条件只能局限于企业的相关财务指标和数据。《上市公司股权激励管理办法》还规定了实施限制性股票激励时应当设置具体的禁限售期，上市企业需根据自身需求设定禁售年限和其他复合初速条件。因此，实施限制性股票时需要注意以下几个环节（见图3-11）。

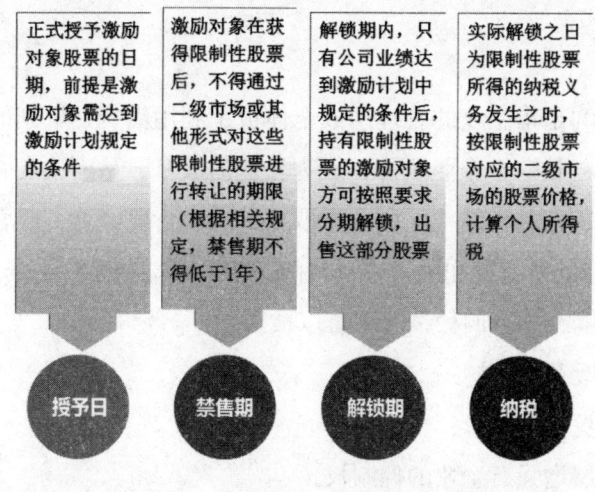

图3-11　"限制性股票"的流程环节

某公司在"新三板"挂牌后，为了最大限度地调动公司员工积极性，实现公司快速发展，成功转为主板上市，决定执行限制性股票激励计划。在计划中，公司决定以定向发行的方式授予激励对象150万股限制性股票，占公司总股本的9.26%。其中，首次授予100万股，预留出50万股于首次授予日后的24个月内再次授予。

这些限制性股票的限制条件很明确，从激励计划实施开始后的三年中，每年的归属于母公司的扣除非经常性损益后的净利润收入分别不能少于500万元、800万元、1200万元，而限制性股票接触限制的比例均为30%。也就是说，该公司的限制性股票的解锁期分别为12个月、24个月、36个月，净利润必须对应为500万元、800万元、1200万元。

在实施限制性股票激励时，必须有十分明确的条件，除有时间限制外，还要有业绩限制，只有达到全部条件，激励对象才能行权。

3.10 管理层收购：普惠激励，实现经营者持股经营

管理层收购是指企业的管理层或全体员工利用借贷、融到的资本或以股权交易的方式，收购本企业股份，成为企业的股东，从而改变企业的股权结构、资产结构、控制权结构、剩余索取权，实现持股经营（经营者成为决策者），掌握企业的所有权和决策权，风险共担，利益共享。

管理层收购在如下四种情况下可以被采用：

（1）国企改革；

（2）企业更换管理者；

（3）管理层增强对企业的控制权；

（4）兼并、收购、重组。

需要企业管理层和员工共同出资成立"员工持股会"，或由企业管理层出资成立新的公司作为收购股份的主体。一次性或多次性收购企业原股东的股份，直接或间接地成为企业的控制股东。

在2004年之前，"郑州宇通客车股份有限公司"（以下简称"宇通客车"）一直处在经营权和控制权分离的状态。宇通集团的最大股东是"郑重宇通集团有限责任公司"（以下简称"宇通集团"），而宇通集团的所有者是郑州市国有资产管理局。

为了让经营权和控制权合并，宇通客车总经理汤玉祥与22个自然人（其中21人是宇通客车员工）一起创立了"上海宇通创业投资有限公司"（以下简称"上海宇通"），汤玉祥为法人代表。

2001年6月15日，郑州国资局与上海宇通及"河南建业投资管理有限公司"（以下简称"河南建业"）签订了《关于郑州宇通集团有限责任公司股权转让协议》和《股权委托管理协议》。协议规定，郑州国资局将所持有的宇通集团的股份转让出去，其中，89.8%转让给上海宇通，另10.2%转让给河南建业。

但当时宇通客车的报批并没有获准。一直到2003年12月，上海宇通通过法律途径得到了工商变更登记手续的许可。上海宇通成为宇通集团的最大股东，持有90%股份，也间接持有宇通客车17.19%的股份，从而获得了宇通客车的实际控制权。

这是一起非常典型的管理层收购案例，上海宇通通过资产收购成为了宇通客车的最大股东。管理层收购股票的意义，在于更好地实现对企业的控制，从而让企业健康良性发展。企业在进行兼并、收购、重组等时，管理层的收购行为能直接提高企业的竞争力。

但收购资金绝非小数目，如果管理层拿不出足够的收购资金，如下步骤可以解决问题（见图3-12）。

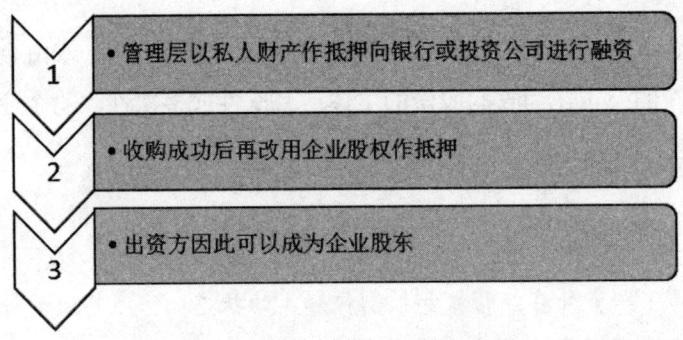

图3-12 "管理层收购"的资金来源

于2009年上市的"乐普（北京）医疗器械股份有限公司"（以下简称"乐普医疗"）因其最大股东为"中国船舶重工集团有限公司"（以下简称"中船重工"），导致乐普医疗创始人和管理者蒲忠杰实际占有的股份不足以掌控公司，因而在经营中处处受制。

为了实现经营权与控制权的统一，乐普医疗在2013年投资了"兴全特定策略18号资产管理计划"（以下简称"兴全特定"），用以募集资金回购公司股份。此后，兴全特定购入了中船重工所持的乐普医疗3.054%的股份，共计2480万股。

乐普医疗在2014年又通过"申万菱信资产管理计划"融资7.54亿元，进一步收购中船重工持有的乐普医疗的股份。至此，蒲忠杰直接或间接持有的乐普医疗的股份达到了29.30%，超过了中船重工的26.68%，成为公司实际控制人。

管理层收购是一种比较极致的股权激励手段，因为其他激励手段都是企业所有者对下属的激励，而管理层收购是将企业所有参与者都列为激励对象，实现了激励对象与企业利益和股东利益的高度统一。

3.11 干股：享有"终身制"分红权的股份

如果将干股的"干"字，理解为"干货"的意思，对于干股就容易理解了，就是能够享受到分红权的股份。激励对象如果拿到了企业干股，就会得到应有的分红收益，但也仅限于分红而已，没有其他权益，这种股份的持有者在企业被称为"干股股东"。

干股一般用作企业创始人的酬劳，或者用于赠送企业的骨干人员，或者用以吸纳对企业至关重要的人才资源。因此，纯粹意义上的干股是不存在的，是企业出于某种目的无偿赠送给激励对象的股份。但赠送干股需经企业董事会同意，因为它涉及股东权益。经上所述，干股具有如下几项特点（见图3-13）。

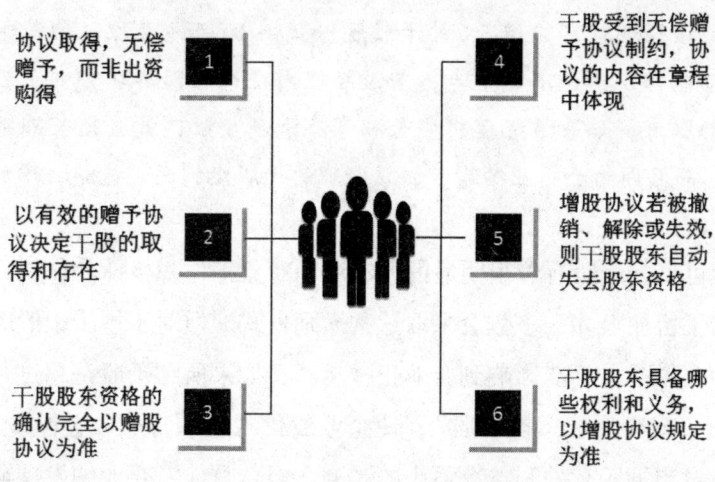

图3-13　"干股"的特点

干股可能因为个人的技术才能获得，也可能因为个人的销售才能获得，也可能因为个人的经营管理才能获得，也可能因为其他原因获得。无论因为哪种原因，干股的取得只能是三种形式：

（1）可以是企业部分股东或全体股东对非股东的赠予。

（2）可以在企业创立时取得，也可以在企业存续期间取得。

（3）可以是附加条件中的股份赠予，可以是未附加条件的独立股份赠予。该取得形式的关键在于所附条件是否能成就，因此将影响到工商机关登记变更，客观上需要法院判决后，工商机关再依判决变更登记。

> 在联想集团每年的可分配利润中，中国科学院占20%，计算机所占45%，联想的管理层和员工占余下的35%。这35%的股份就是联想对管理者和员工的干股激励，但激励对象并未真正拥有各自所取得的所有权。

这个案例有些笼统，下面再看一个更加具体的案例：

> 某公司的业务经理因为带领团队能力出色，被公司奖励5%的干股股份，每年年底领取分红。2018年，该公司用于分红的金额是200万元，该经理就可凭借5%的干股股份获得10万元奖励。但是干股股份既不能转让，也不能带走，若该经理因个人原因辞职，则干股股份会自动取消。如果该经理想要长期享有干股分红，就必须长期服务于公司。而且因为公司业绩增长，该经理的干股比例还可能随之增加。

由此可见，干股有着很明显的调动激励对象工作积极性的作用，当初创型企业为了留住人才，多数会采取这种激励模式。但对于授予干股股份的比例，必须要科学，不能影响到企业正常运营。如果所赠干股是超过企业实收资本所出，就会形成"掺水股"，使企业股价减少和每股收益减少。其实，赠送干股对当下股东的利益有不小的影响，但若是能对企业的发展或整体利益带来好处，股东们也愿意牺牲眼前的利益。

第四章
激励"组合拳"直击企业发展不同阶段

企业从最初创立到后期衰退，可以参照人从出生到死亡的不同时期，即婴幼儿期→童年期→青少年期→成年期→老年期。但企业阶段毕竟没有准确、清晰的划分，需要通过长期的发展来划分生命周期，可以分为创业期、发展期、成熟期和衰退期四个阶段。每个阶段都有不同的经营方式，也有不同的股权架构和股权激励模式。

4.1 股权激励是一种"稀缺品"

……合伙人联合创业的第一天,就要思考股权架构的问题(合伙人股权设计)。

……企业早期发展阶段需要引入天使资金,会多次面临股权架构设计的问题(天使融资)。

……企业有几十号"人马"时,必须对中层管理人员、重要技术人员和核心骨干成员进行激励,也会面临股权架构设计问题(员工股权激励)。

……企业继续发展壮大后,需要继续招兵买马,也需要持续跑马圈地,引入多轮投资人(创业股权融资)。

……企业 IPO 时,面临股权架构设计问题是最为严峻的一次(股权融资)。

……企业发展成行业领军时,甚至做到了 BAT 体量,需要把大公司做小,把重企业做轻,把老企业做新,会继续面临股权架构设计问题(孵化器、阿米巴经营)。

这就是企业发展的不同阶段,是创业者或掌控者必须面临的多次股权架构设计问题。股权架构好之后,就可以进行股权激励。通过第一章的介绍,我们已经知道了股权激励对于企业发展的重要性。但股权激励对于企业发展的好处,要建立在激励计划实施得当的基础上,如果实施不当就会适得其反,负面作用将阻碍企业发展。

因此,股权激励是让人又爱又恨的存在。回顾股权激励失败的各种教训,最重要的一点就是没有把股权激励打造成"稀缺品",而是将股权激励当成了一项福利。让激励对象当成是理所当然就能得到的，或者是对自己过往功劳的一种犒劳。如果激励对象将股权激励当成福利，就再也起不到拉动企业绩效和凝聚员工人心的魔力。

想要避免股权激励成为"廉价品"，在实施时需要注意以下三点：

第一，不能将股权激励做成"股权奖励"。

一说到股权激励，就有企业当成"股权奖励"。在不充分掌握具体情况时（企业发展情况、企业所处的发展时期、企业外部环境、企业内部环境、股份获授者情况等），就将"奖励"下发。"奖励"依据更多的是在职者的职位和历史贡献，而不是股权激励时最在意的能力和业绩。也就是说，"奖励"着眼于过去，强调所谓的公平，希望制造出和谐氛围；而"激励"着眼于未来，注重效率，致力于提升企业的经营绩效。因此，如果将"股权激励"做成了"股权奖励"，在失去调控能力和监督人缺位的情况下，对"受奖励者"无法产生激励作用，这不仅是资源的浪费，更是对其他股东利益的侵害。

第二，不能将股权激励提升到企业经营的高度。

马云对股权激励有很深的认识，他说："从第一天开始，我就没想过用控股的方式控制，也不想以自己一个人去控制别人，这个公司需要把股权分散……这样，其他股东和员工才更有信心和干劲。"这是一种"散财"行为，但最终目的却是"聚财"。从这个角度来讲，成功推进股权激励，不仅是对企业家管理能力的挑战，更是对其心胸开阔度的考验。由马云领衔的阿里巴巴就是通过股权分散来拉动经营团队积极性的，因此成就了阿里巴巴在互联网界的传奇。

第三，激励方案要有现实根据性，积极引导激励对象。

很多时候，一些企业在采用股权激励时，制定方案的各个阶段不是根据激励对象的现实情况，也没有充分听取激励对象的意见和建议，因此做不出符合激励对象"胃口"的方案。这就会导致激励计划的有效性大打折扣或者根本没有效果，也起不到积极引导激励对象的作用。如此一来，股权激励不仅在激励对象眼里不是"稀缺品"，甚至成了"无用品"。因此，在推行激励方案前，对激励目的、方案设计原则、方案关键点、激励对象的权利和义务等予以进一步明确是非常必要的，以至于股权激励能够实现企业利益与个人利益的有效捆绑。

4.2 创业孵化期——运用合伙人制度吸纳一切资源

有数据显示，中国企业的平均寿命是2.7年，这是一个企业基本处在创业期的阶段，但很多企业却倒下了。其实，创业初期的企业是很脆弱的，就像人类的婴幼儿时期一样，需要做父母的付出全部的关爱，才能茁壮成长。创业初期的企业也需要创始人付出全部心血，呵护着成长起来。

因此，创业期也是孵化期，企业的目标就是活下去。在这个阶段，企业的管理、流程、制度建设，都不太重要。活下去的最重要核心就是找到资源——业务资源、资金资源、人才资源等。

处于此阶段，企业的大股东往往既是管理者也是技术骨干或者业务骨干。因此，核心负责人要利用一切方式为企业吸纳资源，比如，为企业拉业务，让企业产生现金流，负责为企业找到人才，描绘企业发展愿景。而要达到上述目的，实施股权激励是很好的方法，但必须考虑一个问题：哪些激励模式适合初创期的企业？

第一，期权激励。

这一模式主要通过企业股票的增值实现股权激励，在激励过程中，不涉及现金。期满达到条件时，激励对象就有权购买企业股票，成为企业的股东之一。该模式更适合那些潜力大、成长快的高科技企业或互联网企业，在创业的初期运用。

第二,业绩股激励。

通常情况下,当激励对象在某关键岗位任职满一年以上(含一年),或为企业提供了重要技术、贡献,或实现先期预定的业绩增长幅度,企业应对激励对象实施股权激励。具体做法是,企业同意无偿赠予或低价授予激励对象一定数量的企业股份。这一模式主要依据激励对象的业绩,因此更适合那些没有打算上市的企业,当这类企业还在初创时可以采用此模式实施激励。

第三,虚拟股权激励。

这一模式类似于上市企业实施的虚拟股票激励,只是初创企业不可能是股票,只能是股权,但不是真正的股权。而且企业要在一定条件的约束下将虚拟股权授予激励对象,激励对象则享受该类股权增值部分的溢价收益或分红奖励,但不会成为企业的正式股东,所以没有所有权、表决权和决策权。显然,这种模式侧重于激励对象在满足条件后得到现金收益。因此,该模式更适合那些资金充沛、业绩增长迅速的初创期企业。

第四,干股激励。

企业初创期,对人才的渴求度最高,若有一支稳定而优秀的人才队伍,对企业的发展将非常有利。因此,运用利润分红的干股激励,一方面吸引能人,另一方面能稳定核心团队。如今,越来越多的科技型公司都在采用这种只有分红权没有投票权和表决权的股权分配方法。因为企业的创立者一方面渴求人才,另一方面也不可能让出经营决策权。干股激励主要用来凝聚团队,只要公司整体向好,员工的积极性将被充分调动。

但是刚成立的创业企业在进行股权激励时,往往会遭遇很多明坑和暗坑,既深又多,因此还需要掌握以下注意事项,以避免入坑(见图4-1)。

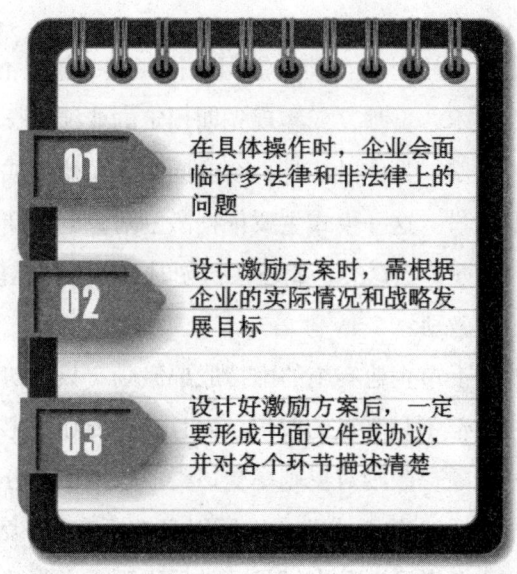

图4-1 初创期企业实施股权激励的注意事项

4.3 发展蜕变期——借鉴晋商的"身股"与"银股"

在企业经历了原始积累的生存努力之后,来到了发展期。此时的企业已经具有了一定规模,找到了自身的业务模式,人员快速增长。创业者由直接管理人退身为间接管理者,企业内部需要划分出一些职能部门,形成结构化的管理形式。而且,企业已经有了一定的盈利能力和支付能力,对内部员工具有了一定黏性,对外部人才也具备了一定吸引力,或许有些企业已经着手准备甚至准备好了在"新三板"市场挂牌。所以,如何更好地设计股权激励方案关系到企业未来的发展走向。

其实,在这个阶段进行股权激励的最重要目的是提升企业运营效率,消除各部门之间的互相推诿、权责利不分的现象。从具体情况入手，晋商的"身股"与"银股"结合的股权激励方式是当今发展期企业应该优先选择的方式。

所谓"身股"，又称"顶身股"，是晋商在股份制中一个独特的创造。身股是纯粹的收益股份，是无须出资而给优秀伙计的一种奖励，不仅为其提升身份，也让其参与经营、管理和分红。

而依据"出资者为银股，出力者为身股"的理念，出资者将享受"银股"。身股和银股属于民间概念，不是法律概念。

在晋商的股权激励体系中，一个小伙计起码要在三个账期内（大约需要十年），工作认真，态度勤恳，没有出现过重大过错的情况下，经过掌柜向东家推荐，再经过各股东认可，才可以开始被设立身股。虽然考察期漫长，但那句"做官入了阁，不如在查票庄当了客"的俗语，还是暴露了当时身股的巨大诱惑力。

身股如今常被应用于企业员工的股权激励中，只是考察时间无须那么长，而最终激励对象能获得的收益也非常可观。身股不是严格意义上的股份，而是因能力设置的、不可继承的、不可转让的一种员工激励方式。身股的核心是对人的激励，以使企业能够上下一心。

与身股类似，银股也经常被用于企业对员工的股权激励中。因为往往是以低于实际价值的价格购买，所以，只有少数被激励对象有条件购买，因此是真正意义上的企业股份。成长型企业可以在特定时间实施股权激励，比如，即将上市前，实施银股改造可以利用未来资本杠杆为员工谋福利；或者创始人退休时，年老干不动时候，实施银股改造可以为企业找到优秀的接班人。

以上就是"身股"与"银股"对成长型企业的股权激励的重要意义，也是普遍可以运用的激励方法。

1996年，黑龙江省齐齐哈尔市成立一家单体药店——国营第八药店。但前期经营一直亏损，幸亏经营者刘桂红与刘桂艳姐妹俩一直坚持，一年多后终于实现盈利。此后经营越发向好，逐渐发展成为拥有

110家门店的医药连锁公司（以下简称"国八医药"），成为当地龙头企业。刘桂红为公司董事长，刘桂艳为公司总经理。

当企业发展走到了高峰期，若不进行一次蜕变，前行的脚步必将放缓。于是，经过公司高层的多次研究，决定从2010年开启承包模式——把原有的门店股份拿出一部分分给现任店长，作为他们的投资，并把店铺承包给他们。

这种模式一为报恩，二为抱团。

多年以来，依靠同甘共苦的员工，企业不仅走出了初期的困境，还迎来了光明的未来，两位姐妹领导收获很多，包括经济方面和精神方面的。如今公司要以实际行动回馈这些功臣，实现大家的财富梦。而且，当店长们有了股份，又有了承包的店铺，就从打工者变身为主人，他们就有了归属感和责任感，就能更全身心地投入到自己的事业中。

店面承包制非常成功，员工珍惜这样的机会从而干劲十足，同时也帮公司留住人才，让公司形成了良好的发展态势。既然是公司给了大家实现梦想的机会，那么，能不能进一步开通实现更大的梦想通道呢？

2016年，国八医药邀请受聘于北京融汇上层企业管理顾问公司的胡禹成老师，为企业量身打造一种更适合公司发展的管理模式。胡老师携团队到达之后，经过调查分析，为国八医药导入了合伙人机制。

当年，第一家合作店正式成立。公司方与合作方（企业员工）各投资50%，目的是既让员工实现做老板的梦想，又将员工同公司捆绑在一起，成为一个不可分割的整体，共同分得利润，也共同承担风险。就这样，第二家、第三家、第四家……至今已成立了近百家合作店。

为了进一步整合企业资源，2018年，胡老师团队再一次指导公司运用合作人机制裂变成功了第二家分公司，并预计在两年内裂变五家分公司，全部采取合伙人机制。

有些激励对象在看到企业成长性良好，而自己也有一定资金能力的前提下，在企业开放股权激励的时期，可以选择自行掏钱购买企业股票。这是一种激励对象从身股转换为银股的方式，"钱在哪，心就在哪"，非常有利于凝聚人心和企业的持续性发展。在激励对象入股后，要强化企业管理体系的建设，实现流程化、规范化，企业的发展要实现品牌化，保证企业在市场竞争中处于优势地位。

4.4 成熟规范期——以激励大多数员工为基础

当企业进入成熟期，就意味着一切都有了明确的规范，这个时期的企业业绩稳定，人员稳定，市场稳定。这种稳定既是企业的福音，也是企业的隐患。因为稳定往往意味着阻碍增多，核心业务可能受到发展限制，滞涨现象开始出现。

为了阻止企业"未老先衰"，应该选择那些更加成熟的激励模式来设计激励方案，通常有以下五种（见图4-2）。

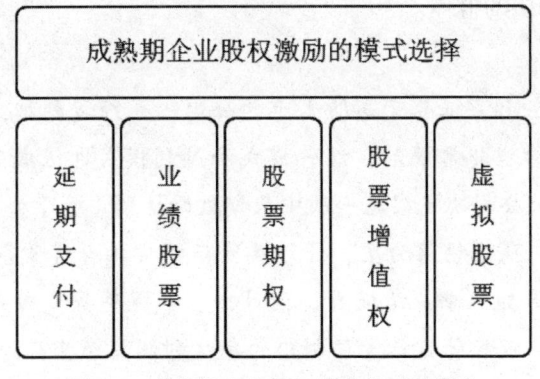

图4-2　成熟期企业股权激励的五种模式

处于成熟期的企业很多都已经上市，有的企业已经上市，还未上市的也多数在谋求上市，少数不打算上市的企业也愿意和员工分享企业红利。因此，成熟期企业在进行股权激励方案设计时，可根据上市与否进行分析。

企业上市：当下中国仍处于经济高速发展阶段，企业上市后，获得较大回报的可能性非常大，企业将因此获得长足发展的足够资金，激励对象也将获得企业上市后的股权。当激励对象达到行权条件后，就可以在二级市场上进行交易，能够获得较高的溢价，实现套现盈利。

企业不上市：激励对象获得企业股份，随着企业的发展，不断实现盈利。这方面最典型案例就是采用虚拟股权方案的华为，华为现有 8 万多名员工持有公司股份，这是华为获得长足发展的根本性原因之一。

企业上市可以分为两种形式，一种是店面制形式，另一种是事业部制形式。

店面制是传统经营模式的依存，在如今被赋予了新的内容。在企业中将股份划分在单个的店面之下，实现激励对象和店面的共同发展。店面制具有代表性的是喜家德虾仁水饺的"358 扩张模型"，店长通过入股，年收入达到上千万元。

事业部制是随着共享经济、平台经济、创业经济的发展而出现的。如今，更多的企业采用事业合伙人制，组建成立事业部，吸纳那些更愿意承担风险、更有创新精神、更具大梦想的员工，让他们在市场中得到锤炼，成长为具有企业家特质的群体。

某家在上海证券交易所上市的公司，已经做到细分行业前三的水平，内部管理非常规范，经营模式和盈利模式也很成熟。为了进一步提升业绩，公司决定实施一项中长期激励计划。鉴于公司的业务主要以市场经营、商品销售为主，还涉及地产销售、酒店服务和展览广告等，因此公司更加注重业绩提升，设计出"常规年薪＋效益年薪"的股权激励计划。以经营目标责任制中的年度利润总额指标为主要考核条件，即每超过 1000 万元利润总额，就给予激励对象（中高级管理人员和业务骨干）相应的虚拟股权奖励。

处于成熟期的企业，也需要根据企业经营的实际特点和需要，来选择激励模式和设计激励方案，且必须从中长期激励角度出发。那么，成熟期企业在进行股权设计时，需要注意哪些方面呢？

（1）应多给予股票期权、延期支付等激励模式，尽量减少现金奖励的模式。

（2）在股权激励模式的采用形式上，可设计多种模式并存的激励方案，可以有效避免激励时产生偏重，影响企业内部的整体氛围。

（3）对于传统类型的成熟期企业，发展速度会明显放缓，选择和设计激励方案时，应采取多层次兼顾的策略，既要针对管理层进行激励，又要尽可能多地照顾员工的利益。

（4）对于非传统类型的成熟期企业，因为组织形态多是扁平化，在选择激励模式和设计激励方案时，应以激励大多数员工为基础。

4.5 上市扩张期——利用资本的力量放大股权激励的效果

通常企业经营到一定规模就会谋求上市，这是企业进入另一发展阶段的便捷途径，也是企业自身的实力的有效彰显。虽然极少数企业在发展到规模时仍然不上市（比如老干妈），但这是企业经营中的非主流。而且，这些企业自身的体量非常大，资金雄厚，可以很从容地实现各种股权激励模式，足以做到利用资本的力量放大股权激励的效果。

本节将着重阐述那些发展较快，又需要上市的企业，看看它们是如何实现资本与股权激励的完美融合。

为了保障上市公司股权激励的顺利进行，也为了保障股东的利益，监管机构出台了明确的约束性政策，目前仅可采用限制性股票和股票期权两种模式，而股权激励的设计必须满足相关要求。

2005年12月，中国证监会发布了《上市公司股权激励管理办法（试行）》。这是对上市公司实施股权激励计划进行要求的首次试水，其中有基本要求、实施程序和信息披露等内容。

2008年3月,中国证监会又陆续发布了三个"股权激励相关事项备忘录"和两个"监管问答",进一步完善了股权激励备案标准。

2016年7月,中国证监会发布第126号令——《上市公司股权激励管理办法》,正式规定了上市公司实行股权激励及个人参与股权激励的限制性条件。

下面,结合相关法规要求及真实案例,深度剖析上市公司股权激励的要点。上市公司股权激励是以本公司股票为标的,对公司的董事、高管及骨干人员进行长期性激励。

我国上市公司股权激励呈现的总体特征有:①民营控股上市公司是股权激励的主力军;②上市公司股权激励中的股票来源主要为定向发行股票;③激励对象中除了董事、监事、高管外,业务骨干和技术骨干的占比明显上升,中小板和创业板该种趋势尤为明显;④在众多绩效考核指标中,以净利润增长率和净资产收益率为主。

上市公司实施股权激励所产生的影响(见图4-3):

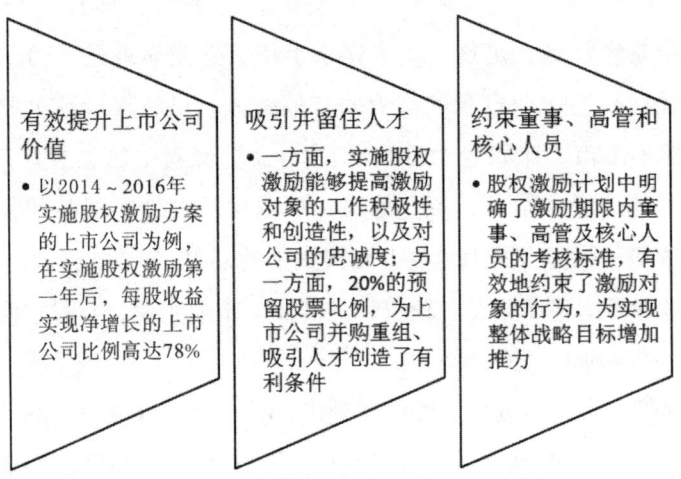

图4-3 上市公司股权激励所产生的影响

国有控股上市公司股权激励在实践中并不常见,因此,我们仅对非国有控股上市公司的股权激励流程进行解析。根据《上市公司股权激励管理办法》,我国上市公司实施股权激励的流程见表4-1。

表4-1 上市公司实施股权激励的流程

阶段	主要文件	备注	通用备注
一阶段：拟定股权激励计划	（1）《股权激励计划草案》	应当在取得有关批复文件后的两个交易日内进行公告	注1：需要聘请财务顾问的两种情形：（1）独立董事或监事会认为有必要的。（2）上市公司采用其他方法确定限制性股票授予价格或股票期权行权价格的。应当聘请独立财务顾问，对股权激励计划的可行性、是否有利于上市公司的持续发展、是否损害上市公司利益以及对股东利益的影响、相关定价依据和定价方法的合理性发表专业意见 注2：（1）上市公司在发出召开股东大会审议股权激励计划的通知时，应同时公告法律意见书；若聘请独立财务顾问的，还应同时公告独立财务顾问报告（2）董事会决议通常与临时股东大会通知同时发布 注3：（1）知悉内幕信息而买卖本公司股票的，不得成为激励对象，但法律、行政法规及相关司法解释规定不属于内幕交易的情形除外。（2）泄露内幕信息而导致内幕交易发生的，不得成为激励对象
二阶段：董事会审议	（1）《股权激励草案及其摘要》；（2）《股权激励计划草案自查表》；（3）《股权激励计划考核管理办法》；（4）《董事会决议》；（5）《独立董事意见》；（6）《监事会意见》；（7）《法律意见书》；（8）《独立财务顾问报告》（注1）；（9）《召开临时股东大会的通知》（注2）		
三阶段：内部公示阶段	（1）《股权激励计划人员名单》；（2）《监事会对股权激励对象名单的核查意见》		
四阶段：股东大会审议阶段	（1）《股东大会决议》；（2）《内幕信息知情人买卖公司股票情况的自查报告》（注3）	对已通过股东大会审议的股权激励方案进行变更的，应当及时公告并提交股东大会再次审议。但不得加速行权或提前解除限售；不能降低行权价格或授予价格	
五阶段：授权	（1）《董事会决议》；（2）《独立董事意见》；（3）《监事会意见》（4）《激励对象名单及监事会对激励对象名单的核查意见》；（5）《法律意见书》；（6）《独立财务顾问报告》（注1）		
六阶段：行权	（1）《董事会决议》；（2）《独立董事意见》；（3）《监事会意见》；（4）《法律意见书》；（5）《独立财务顾问报告》（注1）		

最新的《上市公司股权激励管理办法》已经允许"上市公司启动及实施增发新股、并购重组、资产注入、发行可转债、发行公司债券等重大事项期间，可以实行股权激励计划"。于是，有的上市公司贪图在重大事项公布之前、股价相对较低的时间点实施股权激励计划，看起来这是占了便宜，但在上述敏感期间推行股权激励，很容易引发监管机构质疑"存在内幕交易行为"，极易酿成贪小失大的恶果。因此忠告上市公司：股权激励本是有利于各方面的好事，不要因为贪图小利益而导致一连串不必要的麻烦，进而影响企业的正常发展。

4.6 衰退再造期——运用股权激励带动企业改革

人生有不可避免的生老病死，步入老年到最后死亡。企业在进入成熟期后，下一个阶段就是进入衰退期，这是企业发展的周期性规律，是无法躲避的。

引发企业衰退的通常有以下4个周期性因素：

（1）企业创始人的生命周期。创始人对于一家企业来说，是如同根基的存在，但再强大的人也有变老的一天，很多企业随着创始人的衰老而衰老了。

（2）企业正常的发展周期，会出现必然性的衰退。因为企业发展到一定程度后，势必会产生管理僵化、人员冗余、革新缓慢等问题。

（3）行业的周期。行业也有周期性，当传统手机被智能手机取代，当电动汽车必然代替传统燃油汽车时，都意味着行业的衰退，裹挟于行业中的企业也将随之衰退。

（4）资本的周期。任何一个国家都有这样的现象，在不同的建设时期，政府出于战略发展需要，选择扶持不同的行业，如当下的中国在扶持生物科技、云技术、大数据、高端制造，身处于受到"特殊照顾"行业中的企业就会得到快速发展的机会。相应地，当国家战略淘汰落后产能时，那些处于淘汰行业中的企业必然会衰退，如当下中国正在逐步淘汰的污染严重的煤炭企业，传统的化工企业和造纸企业等。

不管因为哪种情况，当企业出现衰退时，及时阻止衰退的持续或找出导致衰退出现的原因，是企业长足生存并发展下去的必由之路。扭转企业衰退局面，需要重新设计一种经营、管理和运作模式，以实现从头改变，重新设计，是企业再度走上发展上升的通道。而正确的、有吸引力的股权激励可以确保企业新模式能顺利实现调整。

企业再造期的股权激励模式是：选择激励模式与设计激励方案时，应侧重于管理人员和骨干人员。因为这一时期企业的盘子非常大，而且企业经营状况并不算好，无法进行大规模激励，所以只能对核心人员进行激励，以产生以点带面的革新效果。

某餐饮连锁公司虽贵为中国快餐连锁百强企业，但连续十几年的运营发展，公司在快速扩张期后，出现了管理水平跟不上扩张速度的问题，导致企业转赢为亏。为了让企业再度焕发生机，公司高层经过研究后，决定进行股权激励。激励方案是：根据不同门店制定了不同的利润指标，超过的部分利润，拿出60%对连锁门店的经营团队进行激励，其中，25%是门店店长的个人分红，35%由店长在年底提出具体的分配比例，经过审核通过后，再统一发放给各门店的核心员工（见图4-4）。这一激励方案加大了对门店管理人员和核心员工的激励，仅一年时间，公司就实现了扭亏为盈。

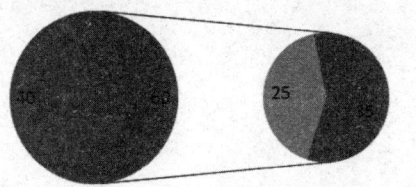

图4-4 某餐饮连锁公司超出利润的分配方式

当大型企业遭遇发展瓶颈时，实施股权激励如同在濒死的水潭中砸入一块巨石，会激起浪花。激励对象在利益的趋使下，工作积极性将大增，很可能在水潭中掘出通向外界的水道，让死水再次变成活水。

第五章
弹性股权方案,让不同激励对象准确落位

股权激励的主角有两个,一个是企业,另一个是个体。企业是主导方,个体是接受方。那么,如何让不同阶层、不同岗位、不同业绩目标、不同思考角度的群体,都获得准确而公正的股权激励呢?这就必须考虑中短期和中长期股权激励相结合的形式,对股权激励过程中的个体既能产生激励效果,又能起到约束作用。

5.1 核心高管适配"1—3—5阶梯"激励模式

案例1：

A公司主营产品销售，经过数年奋斗，如今做到了年产值超亿元。为了将公司拉入行业领军企业的范围，创始人"空降了"两名高级管理人才辅助运营公司。为了让两位大神安心工作，创始人许诺了高薪和高福利。公司历经数年发展，内部的人际关系相当复杂，起初两位空降高管希望能将公司的人事关系搞一次大清洁，然后再着手运营方面。但几次受到强大阻力之后，两人就有些心灰意冷，不到一年双双离开，A公司的发展也来到了瓶颈期。

案例2：

B公司主营服务销售，年产值也超过了亿元。为了进一步将企业做大做强，创始人也用"空降"的办法，请来了两名高级管理人才。但与A公司不同的是，创始人除了给两位空降高管高薪和高福利，还给予了股权激励。具体方案是：一年内进行虚拟股权在职分红；三年内以业绩进行考核逐步转为注册股；三年后所得股权进入行权期，在实现公司规定的要求后（具体参考该公司《股权激励管理条例》《岗位职责评定表》《绩效考核评定表》），允许解锁，期限为五年，即每年的解锁范围占所得股权的20%。

与A公司一样，B公司的人际关系也相当复杂。两位空降高管想尽一切办法将复杂梳理成简单，虽然其间阻力重重，但因为股权在手，再加上责任心和利益相关，促使他们不能放弃。有了优良的人际环境，再来打造经营整体环境，就容易了很多，公司业绩得到大幅提升。

第五章 弹性股权方案，让不同激励对象准确落位

A 公司管理失败，B 公司管理成功，两者的根本差别就在于是否进行了股权激励。前者的空降高管没有股权，自然就不会尽心竭力；后者的空降高管得到了股权，公司好就是自己好的心理促使他们一定尽心竭力。

对于任何企业来说，高管人员永远是核心之一。因此，对于高管的股权激励从来都是重中之重。但对高管应该采用怎样的股权激励形式呢？我们推荐"1—3—5 阶梯"的激励模式——即 1 年在职虚拟股权激励→3 年滚动考核转注册股→3 年后进入 5 年锁定期→5 年内逐步解锁并释放股权。一共 8 年时间，完美将高管的个人利益与企业的整体利益绑定在一起（见图 5-1）。

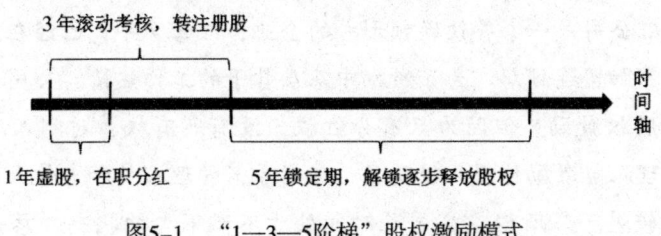

图5-1 "1—3—5阶梯"股权激励模式

通过图 5-1 可以看出，案例中 B 公司对空降高管进行的股权激励是一种中期与长期相结合的方式，可以对人才起到很好的激励作用。中期激励能够让人才带着责任心认真工作，长期激励则能在充分发挥人才能力的基础上很好地留住人才。

在图 5-1 中，当股权激励进入锁定期后，企业不用非要锁死为"5 年 + 均分"的股权解锁模式，而是可以根据企业自身状况，采用更灵活的方式。比如，"三三三式"，今年释放股份的 33.3%，明年释放股份的 33.3%，后年释放余下的全部。再如，"加速递增式"，第一年释放股权的 10%，第二年释放股权的 20%，第三年释放股权的 30%，第四年释放股权的 40%。还有一种比较另类的"减速递推式"，今年释放股权的 40%，明年释放股权的 35%，后年释放股权的 25%。

其实，对于中小企业来说，不仅在锁定期可以灵活调整，整个股权激励的时间都能做灵活处理。"1—3—5 阶梯"激励模式可以作为借鉴，但不宜采

用，而是应将时间长度压缩，比如，采用"1—2—3阶梯"激励模式——第一年在职股分红，第二年滚动考核转注册股，第三年解锁逐步释放股权。

5.2 "五连环法"锁定中基层骨干

案例1：

  C公司是一家餐饮连锁形式的企业，经营7年，已经在全国开设了几十家加盟连锁店。为了激励中基层骨干的工作热情，公司实行了在职股的股权激励。但因为只有分红权，没有所有权，对刚入职或刚升职的管理人员激励作用比较明显，但对于老管理人员和老骨干的激励效果就比较差了。所以，公司长时间处于不温不火的状态，总是难以再提增一个层次。

案例2：

  D公司也是一家餐饮连锁形式的企业，经营四年，在全国开设了两百多家加盟连锁店。为了激励中基层骨干的工作热情，公司施行了一种组合式、多层次的股权激励方式。除了与C公司一样的在职股股权激励外，还有注册股、增持股、集团股和股权重组的激励方式。激励对象只要努力工作，除了升职保证外，还能得到源源不断的股权激励。所以，这家成立仅四年的公司正在以裂变式的速度扩张着。

像D公司这样的激励模式又称为"五步连环"或"五连环"组合式，指的是多种模式的股权激励组合，多层次指的是激励对象可在集团总公司持股、总部的各个业务部门持股、集团下属分公司或子公司持股、自己培养的"小弟公司"持股等多层次持股的方式。总之，"五步连环"是企业对激励对象给予的5个步骤的递进式股权激励形式，最终目的是达到公司整体与中基层骨干人员形成利益共同体和事业共同体（见图5-2）。

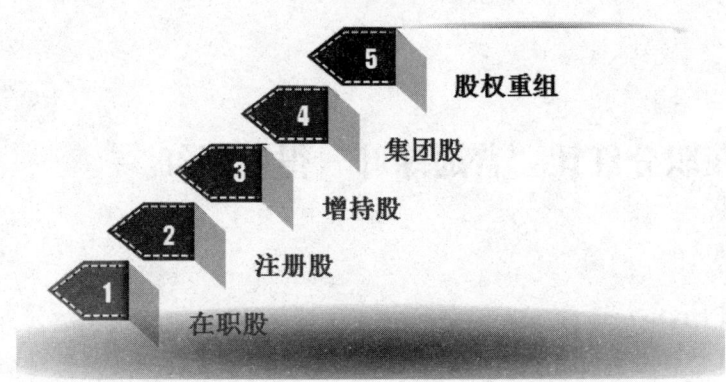

图5-2 "五步连环"股权激励模式

（1）在职股也是岗位干股，是一种虚拟股份，激励对象只享有分红权利，没有所有权，更没有投票权和决策权。

（2）注册股，顾名思义就是已经得到了注册，是企业的正式股份，需要到工商部门注册，成为企业的真正股东。注册股股东根据所占比例，享有相应的所有权、管理权和收益权。

（3）增持股是在原有正式股份的基础上进行增持后所得的股份。如果已经成为企业的注册股股东，就是企业的正式股东了。当企业进行股份增发时，正式股东享有优先认购权，可进一步增持企业股份。

（4）如果所在企业是集团公司，集团股在企业内部是非常高级的一种股份形式。如果成为集团股股东，所得到的利益和享有的权利将大增。当激励对象对调升到总部工作，相应地，其所持有的股份也会随之提升到总部，目的是激励高管对企业未来的关注度，提升高管的全局意识，为企业长远考虑。

（5）股权重组是在企业要进行融资、重组或并购时，就需要对企业的股份进行股权重组，以适应企业变革的需要。那么，原股东所持有的股权在尽量保证相关利益或者利益增值的情况下随之进行调整。

通过对上述五种股权模式的介绍，能够看出这五种模式能够保证任何一名受激励的对象在升职的同时，股权的层级也随之提升，个人利益与企业利益牢固绑定。

5.3 在职分红让"普通绿叶"得以翻红

案例1：

　　E公司实施股权激励建立在两种前提基础上：一是只针对个人；二是只针对高管人员和骨干成员。于是，公司形成了"大车头，小车尾"的局面，就是高管和骨干想要铆劲干，但基层员工不给力，因为这些员工只拿"工资＋福利"，他们的工作积极性和责任心都不会高。

案例2：

　　F公司实施股权激励也有两个前提：一是对岗不对人；二是不只针对高管人员和骨干成员。公司针对某一类岗位、某些特定岗位设定用于激励的在职虚拟股份，激励对象是普通的绿叶型员工。只要员工在职就可以享受分红利润，离职后股权与其自动分离。这部分激励对象的薪酬组合就是"工资＋福利＋股权分红"，既保障了短期利益，又保障了长期利益。那些尚未得到股权激励的员工也会受到鼓舞，会努力争取得到下一轮被激励的资格。因此，该公司员工总是很有动力，主动为公司考虑，在车头的带领下，一路奔向更加美好的明天。

　　F公司的这种股权激励模式就是"在职分红"，关键看员工是否在职，通常只要在职就能得到激励。虽然对于实施给高层和骨干的股权激励份额来说，"在职分红"的份额似乎不值一提，但对于只拿普通级别薪水的员工来说，却是非常重要的，积少成多也能成为一笔可观的收入，对于改善家庭生活是很有助益的。

　　所以，在经济利益的刺激下，一些默默无闻的员工、一些不努力工作的员工、一些原本不尽心竭力的员工，都有可能通过自身精进而成为企业的骨干，就是绿叶翻红。这不仅是员工个人的成绩，更是企业的成绩。

当然，这种"普通"变身"不普通"的现象，所有人都想遇到，但却不是所有人都能成功的，毕竟这需要长期的、艰苦的、不懈的努力。对于企业管理者来说，也不能怀有让所有绿叶型员工都能翻红的心态。因为这是不可能的，咸鱼翻身与浪子回头一样都是小概率事件。因此，在进行相应股权激励时，就不能撒大网，而要结小网，及时兜住水中的鲤鱼。

那么，在实施"在职分红"时，激励对象应该如何选择呢？

必须坚持一个原则——不可替代性。

任何一家企业在实施在职分红的股权激励计划时，最大的忌讳就是没有必要对所有人都实施。这里边会涉及两个不利因素：①现有股东的利益会受到损害，因为未来要分股权的人在短时间内大量增加了；②被激励对象没有感受到特殊性，不会重视这样的激励。总之，如果实施"全员在职分红"必将难以达到激励效果。

因此，激励对象要有选择性，要优先考虑以下岗位（见图5-3）。

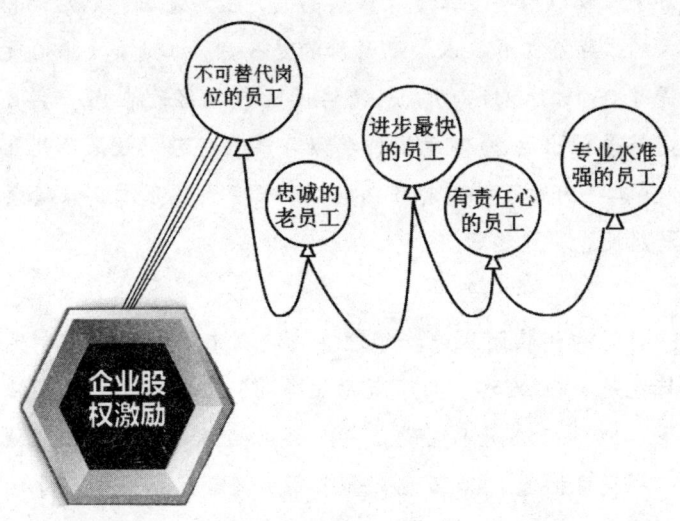

图5-3　"在职分红"股权激励的激励对象选择

选择激励对象，还必须坚持公平、公正、公开的"三公原则"。推行得好，股权激励的作用就能最大限度发挥出来，广泛调动员工的积极性和责任心；推行得不好，不仅起不到激励作用，还会伤害具备责任心的员工的工作积极性。

5.4 超额利润激励业务团队的拼劲

案例1：

G公司为了激励业务团队的拼劲，决定对业务团队实施激励政策。先设定一个销售利润目标，比如1000万元。年底利润如果超过1000万元，就对团队整体予以奖励，奖励金额是本年度最高工资月份薪资的两倍（年终奖另行计算）。比如，团队的利润超过了1000万元，那么，团队每个人都以本年度工资收入最高的月份为基础，然后两倍颁发（如果某人的本年度工资收入最高月份的是5月，工资是12050元，那么奖励就是12050×2=24100元）。销售团队包括经理在内一共6个人，每年公司将多付出近20万元用作奖励。第一年激励效果不错，超额完成35%；第二年有所下滑，超额28%；第三年大幅下滑，只超额6.5%；第四年居然没能实现超额。

案例2：

H公司的销售团队包括经理在内也是6个人，公司制定的销售利润目标也是1000万元。为了激励业务团队积极进取，公司决定实行激励政策。但与G公司不同的是，H公司的激励采用股权激励。实施方案是：利润目标是1000万元，如果年底超额完成——达到1000万元之外的额外利润，公司将拿出超额利润中的一部分，对团队实行"现金＋股权"的激励方式（见表5-1）。

表5-1　H公司"超额利润激励"的比例划分

超额利润比例	激励比例
0＜利润超额比例≤15%	奖励超额部分的1%～8%
15%＜利润超额比例≤30%	奖励超额部分的9%～18%
30%＜利润超额比例≤45%	奖励超额部分的19%～28%
45%＜利润超额比例≤60%	奖励超额部分的29%～38%
60%＜利润超额比例≤80%	奖励超额部分的39%～52%
80%＜利润超额比例≤100%	奖励超额部分的53%～66%

有了利润分配比例，再来看看这部分奖励的具体划分，其中，各级奖励比例中的30%归业务团队经理所有，其余70%由业务团队剩余5个人按业绩成绩进行分配（如果某位团队成员的业绩非常好，其分配到的奖励可能会超过经理；但如果存在给团队拖后腿的成员，将不会得到奖励，激励所得将由其余成员分享）。而每个人的奖励将被划分为两个部分，60%为现金奖励，40%转化为业绩股票，由公司代为购买。

如果上年度的利润目标没有达成，则今年超额的部分需补齐上年度的差额后，剩余部分才可进行超额利润激励。

两个案例基本说明了"超额利润激励"的性质，与业绩股票的形式有些类似，业绩股票只需要达到业绩目标就可获得，而超额利润激励需要超过业绩目标之后才可获得。

案例中的H公司已经为我们规避了一项易发性错误，就是以取消资格的形式防止团队中"搭便车"现象的发生。如果哪位团队成员想要搭顺风车，是绝对没有机会的。

但除了要预防员工的错误，还要防止企业出现错误——目标自行递增。一些在设定当年度利润目标时，参考上一年度的利润总额。比如，去年的利润目标是1000万元，年底完成了1448万元，然后，今年的目标就自然定在了1448万元，如果年底完成了1620万元，明年的目标就是1620万元。看起来这样对企业有利，但如此拔高目标等于在逼走员工。

因此，正确的做法是，无论超额利润达到多少，在制定利润目标时都应该回归到合理范围，或者按前一年的目标，或者略微上调。比如，去年的利润目标是 1000 万元，年底完成了 1448 万元，今年的目标可以仍是 1000 万元，也可以是 1050 万元。

总之，"超额利润激励"不仅能展现出企业强大的生命力，还能体现出企业管理者博大的胸怀和对人才的重视态度。

5.5 延迟分红稳定非业务团队军心

案例1：

　　K 公司实行了股权激励政策，但只针对公司高管、业务骨干、技术骨干。用 K 公司员工的话说："如果你不会技术，不会销售，不是当官的，想得到股权就只能是靠做梦了。"这种抱怨几乎都来自非技术和非业务团队的员工，也就是人们常说的后勤部门。抱怨之声传到了公司管理者耳中，但并未引起他重视，只是觉得一个企业创造价值的都是能创造出价值的部门，那些后勤的、仓储的员工无关紧要。结果，该公司出现了非业务和非技术员工的"跳槽热"。无法稳定后院，前厅的人就不能发挥最大能量，可见该公司创始人的认识是错误的。

案例2：

　　L 公司也试行股权激励，但有些与众不同的是除了面向公司高管、业务骨干、技术骨干，还将后勤部门也纳入进来。该公司员工还为此编了一首打油诗："我在公司干，股份向我看，只要肯努力，拿到分红让人美。"L 公司从上到下都有一股努力拼搏的冲劲，即便是后勤工作人员，一名普通的前台，也会主动学习进步，因为他们很清楚，自己能

第五章 弹性股权方案，让不同激励对象准确落位

力上涨了，将来不仅能升职，还能拿到股份，自己将得到永久的保障。

几乎绝大多数企业在实施股权激励时都不会考虑非业务团队的员工，这是受到长久的"创造价值比例"的影响。几乎每名企业家都听过这样的观点：企业的价值来自能够创造价值的部门和岗位（如业务部门、技术岗位），因此，要给这些价值产出部门或岗位更好的报偿，保障它们能够顺利运行，而对非价值产出部门或岗位则要尽可能压缩，越少越好，以便减少不必要的财务支出。

这样的观点是正确的。但如果企业将非价值产出部门或岗位压缩到极限后，就说明不能再减少了，再减少就将影响大企业运转了。那么，这种状态下的非价值产出部门或岗位还是没有价值的吗？显然不是了。余下的部门或岗位绝对是有价值的，最起码能产生保障价值产出部门正常运转的价值，这就是它们存在的价值。

既然能够影响到企业的正常运转，就说明这些部门和岗位的重要性。而这些部门和岗位上的员工也同样是重要的，都是保证企业机器正常运转的螺丝钉，没有孰轻孰重之分。其他业务部门的员工能够享受的激励，他们也有资格享受，只是一切凭能力。

其实，非业务团队带给企业的价值是隐形的，所以常被忽视，这些员工的内心也颇为惶恐。为了稳定这部分员工的"军心"，企业可以对他们采用延迟分红的股权激励方式，具体可以称为"5—3—2延迟分红"激励模式（见图5-4）。

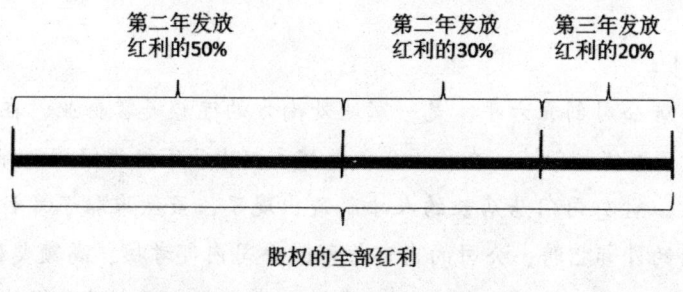

图5-4 "5—3—2延迟分红"激励模式

如果在 2017 年产生了 100 万元股权红利，那么年底（2017 年底）发放红利时，只发放 50 万元，第二年年底（2018 年底）发放 30 万元，第三年年底（2019 年底）发放 20 万元。但股权红利往往不是一年为期，如果在 2018 年又有 100 万元股权红利产生，需要如何发放呢？

已知，2017 年的股权红利在第二年年底（2018 年底）有 30 万元需要发放，而 2018 年的股权红利继续采用"5—3—2 延迟分红"的方式发放。那么，该年年底（2018 年底）要发放 50 万元红利；2019 年底则需要一共发放 50 万元红利（2017 年产生的股权红利第三年需要发放 20 万元，2018 年股权红利第二年年底需要发放 20 万元，相加就是 50 万元）。

此外，还可以采用"5—5 延迟分红"或"4—3—3 延迟分红"或"4—2—2 延迟分红"等方式，具体需要根据企业现状而定。

延迟分红的方式可以很明显地缓解因一次性发放红利过多而导致激励对象工作动力不足的问题。但需要注意的是，如果股权红利并不多，需要一次性发放才能对员工起到激励的效果，就没必要延迟分红了。否则，很可能让员工产生抵触心理，反而得不偿失。

5.6 以虚拟股份让"未来之星"快速上位

案例 1：

  M 公司创立六年，是一家地处南方的连锁美容企业，在本省建立了十五家终端门店，在临近省份也建立起十几家终端门店。伴随着企业发展，M 公司门店店长的人才瓶颈出现了，虽然采取了多种办法，如公司的外部招聘、公司的内部推荐、公司内部考核、高额奖励制度等。但收效都不大，符合要求的新店长人选非常有限，强行提拔上来的店长因为能力不够，店铺经营每况愈下，严重阻碍了公司的发展。

案例2：

N公司创立七年，也是一家地处南方的连锁美容企业，在本省建立了二十多家终端门店，在临近省份建立起四十多家终端门店。显然，N公司的发展要比M公司的发展快了许多，其众多终端店铺的合格店长人选频繁涌现，从来没有出现过门店店长的"人才荒"。这是为什么呢？

其实，一切的差别都源自N公司引入的店长人才培养股权激励方案。具体的股权激励方式是：如果现任店长在本店发现并培养出一名优秀的店长人选，并通过了总部考核，进入新店工作达到要求，则该培养和推荐的老店长除了获得自己掌管店铺8%的虚拟股份分红外，还将获得新店长在新店的虚拟股份分红，分红收益为该店营业额的5%。享受在职分红股必须满足两个条件：①老店长须一直在本公司工作；②其培养的新店长也要一直在本公司工作。为什么N公司盯上老店长呢？因为没有比现任店长更了解终端店铺的经营模式了，也没有人比现任店长更清楚做好一名店长需要哪些素质和能力了。因此，让这些店长行动起来，是发现店长人选最好的方法。

如果你认为N公司专设的店长人选股权激励制度仅限于此，那就错了。N公司为了将激励进行到底，还实行了"隔代承继制"。即新店长（第二代）又培养出了"第三代"店长人选，则原老店长（第一代）将获得第三代店长在新店的虚拟股份分红，收益为该店（第三代店长的店铺）营业额的3%。若该新店长（第三代）又培养了第四代店长人选，则第一代老店长将获得第四代店长在新店的虚拟股份分红，收益为该店（第四代店长的店铺）营业额的1%。也就是说，一位老店长的可得虚拟股份分红可以传承"四代"，如此便极大提高了老店长培养新店长的积极性（见图5-5）。

当然，这只是针对店长人选设立的专项股权激励，作为企业的优秀员工，每个店长若能每年完成公司下达的业绩目标，可独自获得相应的虚拟股份。若连续三年的考核期都能完成业绩目标，则虚拟股份可转换成公司的注册实股。

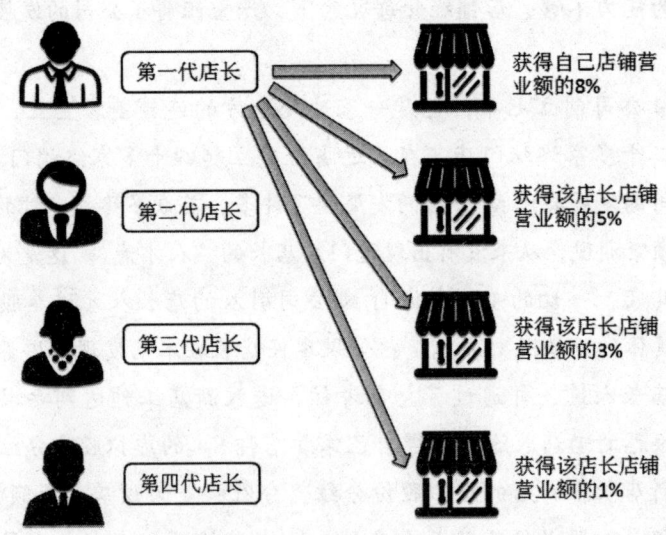

图5-5 N公司实施的店长人才培养股权激励方案中的"隔代承继制"

通过案例可以看出，N公司实施的以虚拟股权为基础的股权激励措施非常有效，一下子解决了中国企业内部常见的"人才相嫉"和"以老压新"的顽疾，让先露头的人才无私地、主动地、积极地帮助和培养后出现的人才。这不仅是人才的幸运，更是企业的幸运，其实，归根结底是转化为每一名人才的幸运。

5.7 给昔日功臣一把"滑翔伞"

案例1：

P公司经过多年经营，已从成立之初的几人小公司，发展成为拥有上千名员工的大型公司，这其间有老板的锐意进取，也有元老们的鼎力扶持。对于这些老功臣，老板没有忘记，不仅给予了高薪水和高福利,还都陆续分配了股份,并且担任公司的重要职务。

但随着公司的发展,这些元老的知识结构、见识层次和能力水准已经趋向滞后,而且因为经济状况良好,干劲也明显不足。老板知道管理层需要更新换代了,但元老们并不愿意主动让位。在多番劝说无效的情况下,老板兵行险招,陆续下达命令,或者直接解除元老们的职务或者安排去"养老"的职务。

元老们虽然职务没了,但影响力还在,他们的亲信也都在公司任职。于是,老板原本希望那些上位的新人能有一番作为,但在处处被牵制的情况下很难发挥,原定的以老带新的计划也没能实现。这些原本能成为骨干的新人眼见着缺乏上升空间,不久之后就纷纷出走。老板为此心急如焚,不得不重新请回元老们镇场……

案例2:

Q公司与P公司的情况类似,也是从小微公司一路奋斗到大型公司,多位元老中能力最强、作用最大就是X总经理。如今公司正在谋求上市,但曾经的功勋——以X总经理为首的元老们,如今却成了障碍。原因无外乎是元老的思维、认识、知识、能力等跟不上时代的发展,到了需要让位的时候。

为了让过渡更加顺利,也为了让元老们没有怨言地退出,Q公司老板可谓绞尽脑汁,最终在请教了专家后,决定以一柄"滑翔伞"来解决这个棘手的问题。公司有6名元老,X总经理是核心,老板决定给予包括X总经理在内的6人追加限制性股份。具体做法是,按照之前该公司的业绩方案,X总经理等6人在公司上市前会获得220万股的注册股份,占公司总股本的4.5%,其中X总经理持有70万股,其余五人各持有30万股。但股份正式获得是有条件的,就是要在公司上市的两年后,而且X总经理等6人必须从现有位置上退下来。这几个人都明白公司如此安排的用意,虽然有些不情愿,但考虑到实际情况和公司对自己的态度,最后还是欣然同意退位。他们都被安排到了董事会做专门的董事,至此几位元老和公司的利益完全一致化了,更可以从公司的长远角度考虑问题了。而且他们仍在公司内部,还是会起到元老该有的作用。

几乎任何做大的企业都有"元老",他们是企业由弱到强发展起来的功臣。但随着公司的发展,元老的能力会逐渐跟不上企业发展的脚步,这些人从过往的助推器变成了如今的拦路石。应该怎么办?

直接解聘?不仅于心不忍,也让其他人心寒。继续留任?势必影响企业发展。于是,为了让元老和企业同时安全着陆,需要给元老一柄"滑翔伞"——也就是通过授予股权给元老一些补偿,让他们自愿退出。

有人提出是否能以现金形式进行赔偿?如果以现金赔偿,不仅会影响企业的现金流,还会让元老有被彻底扫地出门的感觉。其实,实施"滑翔伞"的目的是顺利实现传承,而不是简单的利益让渡,所以还是采取股权激励的模式对元老更有安抚和激励的作用。

但对于给予元老企业股份,总有人持反对意见,认为元老在位时匹配高薪,本身又是公司股东,就算离开每年也有分红,还有什么必要再分配股权呢?让元老退位,不仅要放弃地位,还要放弃高薪,而部分带来的收益是元老自身该得的收益,从个人利益上讲是做减法,这是令人难以接受的。那么,就需要有相应的加法进行补偿,增加股份就是补偿元老让渡出来的既得利益,以激励元老自愿完成交接。

给予元老的股权只能是注册股,这是对元老的尊重,也是他们为企业奋斗赢得的报偿。但如何在不影响企业控制权的情况下完成股权支付呢?

比如,W公司的董事长作为大股东,持有公司87%的股份,有9名元老共持股6%,外资持股7%。如今公司正在谋求上市,届时至少要对外发行25%的股份作为流通股,IPO之前还要经历多轮融资,需要预备出10%~15%的股份。经过计算,87%-25%-15%=47%或87%-25%-10%=52%。可以看出,即便将日后融资占股压缩在最低的10%,想要保证董事长拥有51%的相对控制权,最多也只能出让1%的股份作为对元老的激励。但这点股份显然是无法对元老产生激励效果的,何况将来还要对员工进行股权激励,要怎样做才能在不伤害董事长控制权的情况下实现"滑翔伞"激励方案呢?

建议采取"有限合伙公司"作为持股平台，来解决股份来源与控制权之间的矛盾。可以分为三步（见图5-6）。

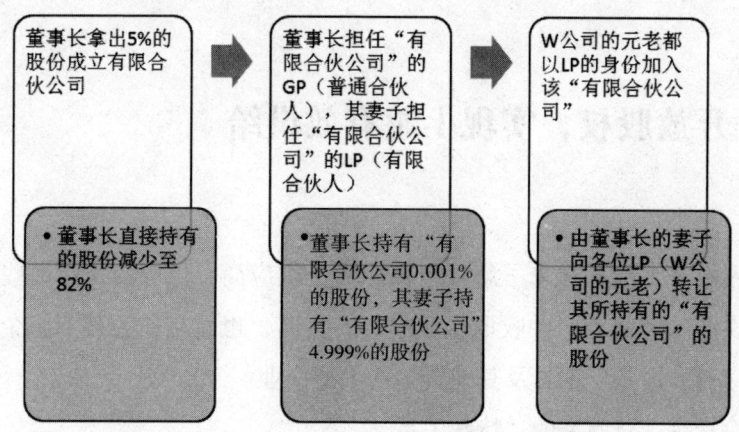

图5-6　W公司"有限合伙公司"的持股和配股步骤

当成立了"有限合伙公司"后，在考虑到上市后的流通股发行、融资的股权稀释、新老员工的股权激励实施后，董事长直接持有的公司股份将下降至47%。但由于"有限合伙公司"的性质，持有0.001股权的GP就可以代表5%的股权，所以，董事长在实际控制47%股权的情况下却拥有了52%的表决权，仍然掌控企业的控制权。

由此可见，成立"有限合伙公司"可以在不损害企业控制权的情况下，很好地实现"滑翔伞"激励计划。那么，这种"有限合伙公司"持股平台的形式还可以在什么情况下使用呢？可以用在对新员工的股权激励上，但要与"滑翔伞"计划的持股平台区分开。也就是要成立两个"有限合伙公司"，一个作为"滑翔伞"计划的持股平台，另一个作为一般股权激励计划的持股平台。

5.8 开放股权,实现上游有效供给

进入本节之前,先来了解一个概念——供应商。供应商是指那些向下游买方提供产品和服务,并收取相应报酬的实体,也就是能为其下游企业生产提供原材料、设备、工具及其他资源的上游企业。

下面看看这对商家的"特殊关系":

R公司是一家老牌的大型建筑装修公司,希望凭借优质的产品和服务继续开拓市场。该公司从成立之初就由S公司提供油漆,因为S公司的油漆质量上乘,且致力于研发,具有多项高科技油漆产品专利。R公司在宣传时也主打S公司的油漆,其客户在选择服务时,往往也将S公司的油漆包括在内,这就形成了R公司对S公司(上游产品供应商)的依赖。但S公司的下游合作商却不止R公司一家,也无法保证对R公司的优先供货。如此一来,R公司的发展必然受制。

是不是有些出乎意料?上游供应商还能影响到下游合作方的发展。一般情况下,不都是供货商围着合作方转圈吗,不是要维护好彼此的关系吗,不是求之不得有长期的合作方吗?但这需要建立在合作平等的基础上,而不是一方对另一方形成牵制的局面。像案例中R公司这样,就因为长期依赖而被S公司牵制住了。现实中遭遇这种情况的企业绝不在少数,很多企业因为受制于人而长期得不到发展。

因此,对供应商进行管理显得尤为重要。但供应商不在企业体系内,也

不受企业辖制，要如何管理呢？

那就想办法让供应商进入企业的体系，成为企业的一部分。可能你已经想到了，开放股权就可以做到了。的确，将企业的股权拿出一部分，同供应商进行交叉换股，实现上游对下游的有效供给。

再回到上述的案例中，接着看S公司是如何解决这一棘手问题的：

> 为了变依赖性合作为共赢性合作，R公司决定与S公司实现共同发展。在争得了S公司同意后，R公司推出了消费型股权经营计划。两家公司达成了交叉换股协议。协议中写明：R公司拿出10%的股份外加5000万元现金，换取S公司11%的股份。协议中还规定：S公司需保证R公司每年的最低进货量，并有有限供货权。

通过股权交换，两家公司进入了同一体系中，形成了良性合作关系。在合作中不仅要保证自己的利益，也要维护对方的利益，才能携手共同发展。

为什么S公司在掌握主动的情况下会同意与R公司进行股权交换呢？原因就在于市场的变化。今天S公司占据主动权，不一定永远都占据主动权。而且一家企业要有长远发展的眼界，合作永远是打通渠道、获得资源最快捷也是最省力的方式，直接将对方的优势拿来使用，也能最快地弥补上己方的弱势。

这就是供应商管理的意义和目的，就是为企业建立起一支稳定可靠的供应商队伍，并为企业生产提供可靠的物资供应保障。

5.9 融合股权，打造下游利益体系

上一节，我们讲到了供应商，位于企业的上游。本节，我们再来看看经销商，位于企业的下游。相对于上游，企业对下游的依赖程度应该更高。因为经销商是上游企业的产品进入某一地区市场的开路先锋，是产品快速铺货和品牌迅速打响的最重要力量。经销商和分销渠道、物流渠道、仓储渠道等都是上游企业不具备的，哪怕是格力集团等大型企业，也需要经销商相助将产品快速下沉。

格力集团自创立后，发展非常快，目前已经是全球知名的集研发、生产、销售、服务于一体的综合性集团企业。

但与所有大型企业的成长之路一样，格力集团的发展也并非一帆风顺，其间也经历了很多争议。其中，格力独特的销售模式就是争议的焦点之一。一直以来，格力开疆拓土就依靠经销商的对企业的忠诚和价值观的认可。虽然从经营业绩上看似乎没什么问题，但格力集团的高层还是感觉到危机四伏，与经销商之间没有股权维系，基础并不牢固，市场又千变万化，谁能保证明天的太阳还会不会继续照耀……

而格力的经销商已经悄然组成了一家合资公司——河北京海担保投资有限公司（以下简称"京海公司"）。京海公司下属有十家销售公司，地域覆盖河北、山东、河南、重庆等多省市，累积销售额占格力电器2006年销售总额的65%，是格力的主力经销商。

摆在格力高层面前的问题非常严峻，绝不能再以以往的思维方式来处

置。因为很显然，十家联手就是要提升自己在整个商业链条中的地位。任何单独一家经销商相对格力集团都是绝对弱势的，但十家联合之后，势力对比就发生了变化，虽然不足以撼动格力集团，但自己的筹码大幅度提增，就有了与格力谈条件的资格。

现在，主力们已经联手了，格力应该如何应对？

> 格力集团原本持有格力电器39.74%的股份，是第一大股东。2007年，经过珠海市政府和国资委批准，格力集团将所持格力电器股份中的10%转让给了京海公司，共计8054.1万股，总价款为10.27亿元。根据相关协议规定，京海公司在未来12个月内将不再增持格力电器股权，其中已受让的股权在2009年3月8日之前不得流通和转让。

本次股权转让对于格力集团来说有三方面好处：①兑现了股改时的承诺——为格力电器引入战略投资者；②得到的10亿元现金对于改善企业财务结构和调整产业结构有一定的帮助；③改善各级集团长期以来固有股东一股独大的局面，完善了企业的治理结构。

除了上述三点，最为关键的意义则是，格力电器与经销商之间建立了产权关系，双方的利益在制度层面被牢牢绑定。这将充分调动经销商的合作积极性，也会激起企业对经销商的关注度，增强格力同经销商的合作共赢关系，实现双方在市场的共同滚进。

第六章
通过流程确保股权激励的顺利实施

为确保股权激励计划能顺利实施,必须有一套科学的、完整的激励流程做保障。下面,为大家展现一套"九连环"——简历内部监管体系、起草方案、设定考核条件、议决方案、召开说明会、签订协议、信息披露、行权考核和转让、登记、撤销、回购。这是一套环环相套,任何一环都至关重要,绝不可少的流程体系。

6.1 建立内部监管体系

确保股权激励的顺利实施，第一步就是建立起完备的内部监管体系，让股权激励的实施过程有最基本的监管保障。内部监管是股权激励实施的第一道关，也是最重要的一道关。因为堡垒最容易从内部被攻克，如果内部出现了监管松懈导致的问题，不仅会对股权激励造成巨大伤害，还将危害企业的整体经营。但堡垒也最容易从内部修筑和修补，在第一时间堵住一切错误可能发生的渠道，就是对股权激励实施的最好保障。

那么，内部监管体系应该着力在哪几方面构建呢？该构建模式我们称为"三个会"——即董事会、监事会和薪酬委员会。

第一，加强董事会的独立性。

确保企业董事会的独立性是非常重要的。因为不够独立的董事会很容易出现高管人员滥用职权谋取私利的现象，因为权力不够独立，高管的触手就可以伸出很长，能够触及的地方都可以谋私。因此，建立独立的董事制度是完善企业内部监管体系最为重要的一环。

通常，企业董事会至少应该有三名独立的非执行董事，担任资格必须满足两项条件：一是独立董事必须由来自于企业外部的人员担任；二是独立董事能独立履行其职责，不受主要股东、企业高管及其他与企业存在利害关系的单位或个人的影响。总之，独立董事在企业的战略制定、运作流程、资源管控、经营管理以及一些重大问题上独立于企业的股东和管理层，他们需要作出自己独立的判断。

独立董事的独立性可概括为以下5个方面（见图6-1）：

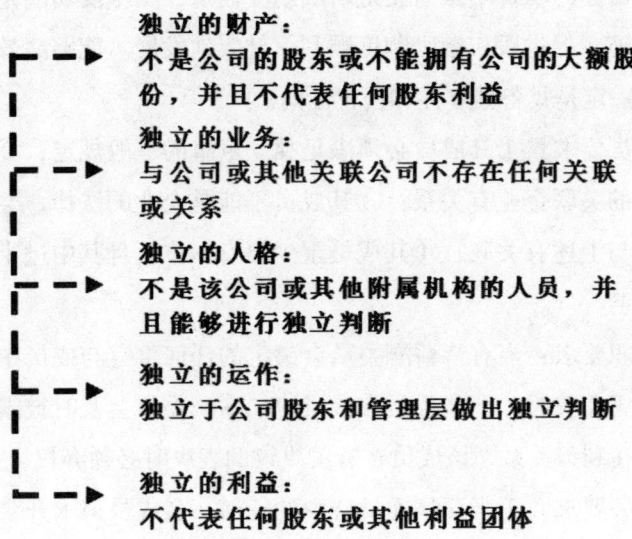

图6-1 独立董事的五项独立性

第二,加强监事会的独立性。

说完了董事会,再来看看监事会的独立性。企业监事会应该引进独立的监事制度,独立的最重要体现就是改变监事会中内部员工过多的局面,即严禁"自己监事自己"的荒唐状况。因此,具备独立性的监事会需要做到如下几点:

(1)监事会中至少有两名以上的独立监事(独立监事要来自于企业外部),且监事会能够有效地行使监督职能。

(2)独立监事与薪酬委员会的委员不能重叠,两者只能任其一。

(3)监事会负责监督股权激励计划的实施,重点是监督股权激励计划是否按照内部规定的程序实施。

(4)监事会要监督薪酬委员会的组织管理工作,包括企业及员工绩效考评的公正性。

(5)监事会应当定期向股东大会汇报股权激励计划实施过程中发现的问题。

第三,建立独立的薪酬委员会。

薪酬委员会的职责不是为设定薪酬制度而定,其主要功能是规范股权激励计划的实施,促进股权激励制度顺利、健康地发展。能够高效履行责任的薪酬委员会一定是具备独立性和公正性的。

(1)成员要求:①其成员必须满足独立董事的一般规定;②其成员不能与企业下辖的关联企业有关系;③其成员不能是企业的法律、会计、咨询顾问,也不能与上述有关联;④其成员至少要有三位,且其中过半成员应为独立非执行董事。

(2)任职要求:当有待薪酬委员会决定的任何事宜与成员中任何个人的财务发生利害相关时,薪酬委员会成员应向薪酬委员会及时披露,如经调查证实确实存在利害关系,该成员在有关决议的表决时必须弃权。

(3)任务要求:①当薪酬委员会中的任何一名成员请求开会时,薪酬委员会主席都应及时召集会议;②如果无成员提出开会,薪酬委员会每年也至少开一次全体会议;薪酬委员会有权从高管人员那里获取其所需要的薪酬方面的任何信息。

6.2 "6D模式"起草方案

该步骤为起草方案,到了动笔阶段,这是非常重要的。虽然是草案,却是股权激励开始实施的第一步,每一个字都应仔细斟酌。那么,为了确保方案起草顺利、完美,需要借助"6D模式"。

所谓"6D模式"就是"六个定(Ding)"——定模式、定对象、定额度、定价格、定来源、定约束条件及其他。

(1)定模式:在起草激励方案时,最先应该确定的是激励模式,确定了模式才有接下来的一切。模式就是第三章中阐述的"N种股权激励模式",

具体运用哪一种或哪几种，以企业现状为准。

（2）定对象：股权激励计划要向谁实施呢？这个"谁"就是激励的对象，明确激励对象，才能明确激励目的。

（3）定额度：一方面明确企业要拿出总股权中的多少用于股权激励；另一方面每个激励对象应该获得的股权数量，通常情况下不是均分的，要根据每个人的能力和价值而定。

（4）定价格：在实施股权激励计划时，应该明确是否需要激励对象个人出资，如果需要出资，价格是多少，出资形式如何？

（5）定来源：用于股权激励的股票或股权的来源是什么，比如，上市企业可以以定向增发的方式获得限制性股票，而非上市企业可以通过股东自愿出让股权的形式获得激励所需股权。

（6）定约束条件及其他：约束条件是对股权激励计划能顺利实施的保证，应该在激励方案中予以确定（见图6-2）。

约束条件的内容	其他内容包括（一）	其他内容包括（二）
• 有效期 • 授予日 • 行权期 • 等待期 • 解锁日 • 失效日	• 在等待期内发生某些更改。比如因企业实施"高送转"或股票并股、拆股等原因引发股价变动，从而需要更改解锁后的行权价格等 • 因激励对象离职或其他特殊原因，导致取消激励股份或减少激励股份的情况	• 解除等待期后的行权日期期限。激励对象获得权益后的行权期限要明确标注 • 股票转让等规定。只对上市公司而定，应根据《证券法》和《公司法》的规定，在草案中予以提示

图6-2　"起草方案"中定约束条件及其他

看起来"六定"与"九要素"很像，但两者的差异则是，"九要素"是股权激励实施之前的参考，"六定"是股权激励正式流程中的必备因素。

2017年7月6日，成都新易盛通信技术股份有限公司（已上市）发布了一份股权激励计划的草案。从草案中得知"六定"的具体内容：

（1）激励模式：限制性股票。

（2）激励对象：主要为公司高管、中层管理、核心骨干，激励总人数为227人。

（3）激励额度：总数量为604.1万股。

（4）激励价格：授予价格为12.52元/股。

（5）股票来源：公司向激励对象定向发行A股普通股。

（6）约束条件及其他：有效期是自限制性股票股权登记之日起，至激励对象获授的限制性股票全部解除限售或回购注销之日止，最长不超过48个月。限售期分别为：①自授予部分股权登记日起12个月、24个月、36个月；②本激励计划获授的限制性股票，激励对象在限售期内不得转让、偿还债务或用于担保；③限售期满后，公司为满足解除限售条件的激励对象办理解除限售事宜；④限售期满后，公司将回购注销未满足解除限售条件的激励对象所持有的限制性股票。

总之，在企业起草激励方案时，一定要根据激励内容，明确"6D模式"，如此才能将股权激励做到规范合理。

6.3 切合实际地设定考核条件

在企业对员工实施任何奖励时，考核永远是确保奖励公平、公正的最佳措施。通过设定考核条件，逐条考察待奖励对象，如果待奖励对象逐一达到考核标准，则公司向奖励对象兑现奖励，否则将不予以奖励。因为有了考核做前提，企业的每个人都明确考核标准，大家公平竞争受奖名额，因为考核未能达标而得不到奖励的人也不会产生任何埋怨，而因为考核达标而得到奖励的人也会再接再厉争取继续获奖。

这就是考核的意义，让每一个人都趋向正能量方向，不断完善自己达到考核标准，获得提升。

在股权激励中，考核也是必须不可或缺的一项条件，因为股权激励要比普通奖励对企业和个人的未来更具意义，但如果操作不当股权激励也会比普通奖励给企业和个人带去更大的伤害。所以，考核条件必须要设定到位，更加严谨、更加实用、更加具体。这样激励对象才能明确体会企业将根据什么来考核自己，以及是如何考核的。激励对象通过努力，弥补自身不足，发扬自身长处，最终满足条件，获得股权激励的资格。

某公司制定了一份股权激励计划，激励对象是公司总裁、副总裁、运行经理、业务总监等经营团队。在制定考核指标时，更多的倾向于任务指标和发展指标。任务指标是，激励对象在任期内的营业总收入额与净利润总额；发展指标是，激励对象在任期内投入科研的收入额占比及战略完成情况。在这样的考核标准之下，对所有权重进行计算后，折算出具体的激励系数。

可见，在企业设定考核条件时，一定要充分考虑到所定指标的合理性，一方面设定出合理的考核条件，另一方面还要避免指标的形式化。那么，在设定考核条件时，需要注意哪些问题呢？

（1）考核的目的必须明确，这是设定考核条件的首要前提，明确考核目的，考核才具有针对性。

（2）在设定考核条件时，统一考核标准是当务之急。统一的标准能确保考核的公平和公正，让被考核对象甘愿接受，踏实努力。但是，统一的考核标准不是统一的考核条件，根据不同对象要设定不同的考核条件，但其背后的标准要做到统一。

（3）如果考核条件和方法比较简单，被考核对象一看就明白，自然是好。但若是考核条件或考核方法相对复杂，不容易理解或者容易产生歧义，就需要及时向被考核对象说明清楚，不能使一人在懵懂中接受考核。

（4）设定考核条件要切合实际，要根据企业的现状设定考核条件，要根据企业所处的行业现状设定考核条件，要在设定考核条件前先进行相关的调查研究。

（5）应根据企业的实际情况、并采用最恰当的方法设定出更符合自身需求的考核条件，避免单一化和形式化，克服考核中的片面化。

6.4 通过"两会"议决方案

有了草案，又有了考核条件，股权激励已经走上了正轨，接下来就是要对草案进行议决，然后就可以具体实施了。议决的方式要借助"两会"——股东会和董事会。

第一，股东会。

2017年5月27日，浙江万好万家文化股份有限公司召开了一次临时股东大会，此次大会的目的只有一个，就是为该公司前不久实施的一项股权激励计划的草案进行议决。

企业在拟定好股权激励计划的草案后，必须要在股东大会上进行审核。形式不限，可以是法定大会、年度大会、临时股东大会。

问：对于一家企业而言，高级别的会议是什么？

答：股东大会。公司全体股东出席。

可见，股东大会是规模相当庞大的会议，如果是几万人的大公司，这种会议的规模是难以想象的，但鉴于股东大会的特殊地位，该召开时是绝对不能省略的。而在通常情况下，股东大会是不会轻易召开的。

（1）法定大会。顾名思义是依法而必须在规定期间内召开的股东大会。其规定如下：只要存在股份公司公开招股的情况，从公司开始营业之日起，最短不少于一个月、最长不超过三个月的期间内，就必须召开一次股东大会。开会的目的是让所有股东全面了解和掌握企业当下的经营状况，方式是公司董事在开会前14天向各股东提出法定报告，再由股东们审查该报告。

（2）年度大会。这也是一种法律强制规定的会议，又称为"年度股东大会"，通常在每一个会计年度总结的6个月内召开，一年一次。大会议决的内容通常包括变更公司章程、选举新董事、宣布股息、讨论增加或减少企业资本，以及审查董事会提出的营业报告等。

（3）临时大会。每当发生涉及企业或股东利益的重大事件时，无论在什么时候，都必须召开临时股东大会。但不一定是立即召开，可以根据企业状态适当延后，但有如下情形之一的，必须在两个月之内召开（见图6-3）。

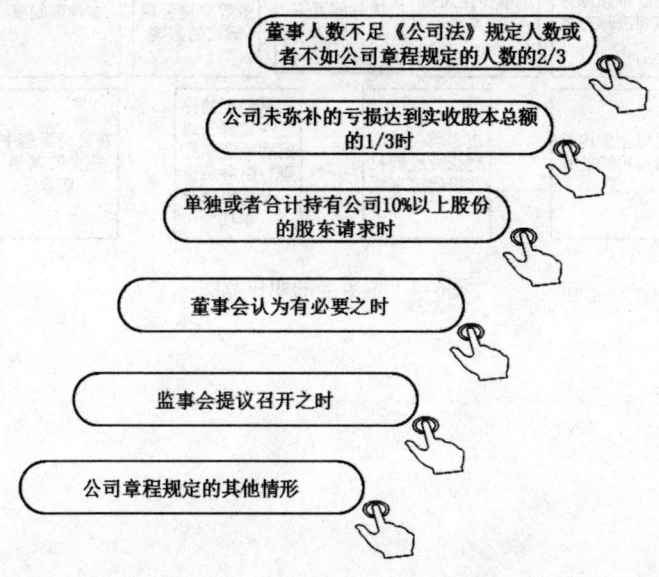

图6-3 两个月之内必须召开临时股东大会的情况

第二，董事会。

董事会是由股东大会选举产生的，通俗的讲就像是股东大会在日常的形式，而董事长、副董事长或若干董事们，就是代表。董事的任期是3年，任期届满后，可以继续参选，连选连任。董事在任期届满之前，如无特别重大过失的，股东不能接触董事的职务。在董事会正常运作期间，股东大会不能干涉董事会对公司的经营和管理。

董事会的作用：对外代表公司做决策和经营，对内掌握公司的具体事务。在股权激励方面，股东大会通过草案后，董事会负责具体执行。也就是说，董事会在对股东会负责的情况下行使以下职权（见图6-4）：

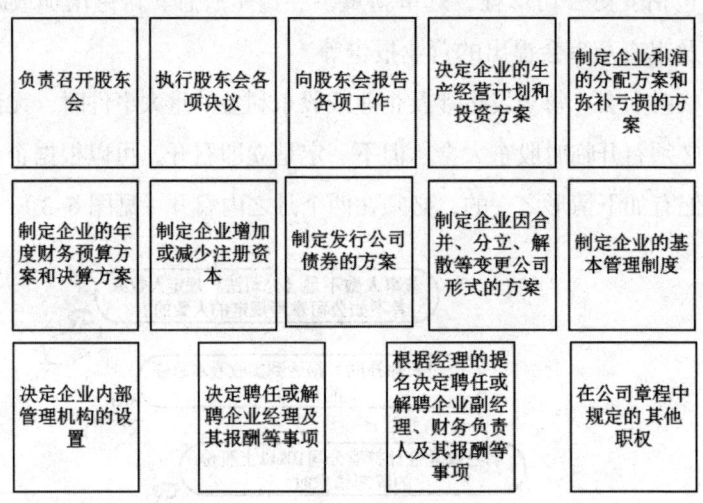

图6-4 董事会的职权范围

6.5 在"第三只眼睛"监督下召开说明会

当企业股东大会通过了股权激励的方案后,在董事会着手开始执行的同时,需要召开一次方案说明会。主要目的是向企业内部的全体员工(员工一般不能全部持股)阐述激励方案的内容,以及获得股权激励所必备的权、责、利等问题,让参会者明白股权激励带给企业和个人的长期或短期的好处。

但说明会不能随意进行,必须要在"第三只眼睛"的监督下进行。所谓"第三只眼睛"就是律师或者外部顾问,目的是确认股权激励的合法性和可行性。

W公司开发了一个新平台,上市不久成绩颇为不错。为了激励开发团队再接再厉,公司决定对该团队实施一次股权激励计划。在起草的股权激励计划得到股东大会批准后,公司特意举办了一场"股权知识宣导会",还邀请了某律师事务所的Y律师(第三方机构)、某企业管理咨询有限公司的Z教授和公司内部的"员工股权激励设计顾问小组"的成员一并参会,就常规股权激励的形式和基本内容,以及此次股权激励的形式和基本内容,做了一次专题讲解。这次"股权知识宣导会"就是激励方案的说明会。

那么,说明会应该说明什么呢?总结起来,无非就是要让激励对象明白,公司和股东为了支持此次股权激励计划所做出的利益上的让渡,如果不做讲解，激励对象往往对股权激励的概念不是很清楚，也就更不清楚其中的价值了。因此，对于股权激励计划中的每一个基本概念都需要清楚的讲解和说明，以便让激励对象更好地融入激励的机制中。

  在 W 公司的"股权知识宣导会"上，先由 Z 教授详细讲述了期股、股权、干股、实股的知识，还介绍了股权激励带给公司和个人的好处；再由 Y 律师讲述股权激励方面的法律知识和必须要遵守的法规；最后由公司"员工股权激励设计顾问小组"的成员讲述了企业此次股权激励方案中相关的实施细则（考核要求、行权条件、"三期三日"等）。许多参与者向专家、律师及有关成员提出自己的疑问，也都得到了满意的回答。在这种说明及解答的基础上，公司得以顺利实施股权激励计划。

通过此案例可以看出，股权激励说明会的核心还是对企业实施的股权激励计划的说明，而这部分的说明通常来自企业内部制定股权激励的团队，或者来自外部帮助企业制定激励计划的相关公司的负责人。而讲授股权知识的专家和法律知识的律师都是做铺垫作用，但其作用却不可小觑，没有他们前期的讲解，说明会的目的就难以达到。总之，股权激励说明会是必须要有的流程，这是激励对象充分了解激励方案的最佳途径。

6.6 签协议，形成书面约定

股权激励计划的实施，需要在完全稳定的环境下进行，不能无缘故地产生动荡。建立稳定环境最重要的一点就是需要签订协议，所谓"私凭文书，官凭印",有了一纸有效的协议之后,才能对企业和激励对象形成最实际的约束。企业既然选择在某种条件下让利于激励对象,就必须执行到底,不可以中途废止。激励对象既然选择了参与股权激励,其能否最终获得股权就要看是否实现了股权激励协议书上注明的各项考核条件。若激励对象达成条件,企业必须按协议所定授予应得股权,否则不予授予股权。

可见,签署股权激励协议对于企业和激励对象双方都非常重要,具有强大的法律效力。因此,在签订时应邀请企业内部的律师或法律顾问到场,如果企业没有律师或法律顾问,则应对外聘请第三方法律机构予以协助,在律师或法律顾问的监督下,企业与激励对象签署的协议会更加有效地回避法律问题。比如,协议中不能出现"霸王条款",更不能出现违反国家法律法规的条款。

> 2012年,X独资创立了一家房地产中介公司,经过几年经营,公司颇具规模。2016年,X想要继续扩大公司规模,但流动资金并不够发展运作,于是向好友Y借款。作为回报,X许诺不仅将按照贷款利息偿还Y的借款,Y还将得到X企业6.5%的股权。Y表示同意,但要求签署正式借款和股权让渡协议。在签署协议时,X公司的法律顾问和Y的律师朋友都来到现场,予以见证。两年后,X成功实现扩张经营,不仅还清了借Y的本金加利息,而Y也连续两年获得了X公司的股权分红,可谓收获颇丰。

我们举的这个案例,不是典型的企业对员工的股权激励,而是民间的融资行为,只不过加入了股权让渡在其中,成为另一种股权激励。

当然,不是说签订协议时没有法律方面的人士在场,协议就没有法律效力了。如果是找第三方人员或公司担保,这样的协议同样具有法律效力。只不过有了法律人士或法律机构的介入,可以更增加协议的公正度和透明度。

那么,签署协议除了要有专门的法律方面的人士在场外,还要注意哪些方面呢?

（1）协议内容必须与激励方案的内容保持最高度的一致。这是不容置疑的一项，激励方案中的所有条款，协议中都必须充分明确地体现出来，用词要准确、恰当。

（2）协议中涉及激励对象权益的内容，必须要详细做出解释，不能有任何遗漏和错误。

（3）协议中要明确股权激励的退出机制，以免日后引起法律纠纷，包括激励对象离职、企业因为特殊情况而不得不中止激励方案或修改激励方案等。

（4）激励方案往往不能一蹴而就，中间会进行多次修改，每修改一次都要向激励对象进行确认，得到激励对象的认可后，再签订协议。

6.7 信息披露"七节点——W-F-U-S-M-C-R"

协议签订后，股权激励计划就开始正式实施了。那么，需要向企业内部或者企业以外进行信息披露。让相关方面都清楚企业此次股权激励的具体内容，这是对企业非常有利的一项举措，不仅可以体现企业的雄厚实力，更能为企业带来长期的经营利好。

那么，信息披露具体应该怎样做呢？可以分为"七个节点，十五个步骤"，我们以表格的形式呈现（见表6-1）：

表6-1 信息披露的"七个节点，十五个步骤"

节点	步骤	事项	主要内容	完成时间
节点一： 编写（Write）	1	编制公告初稿	根据"两会"会议资料和企业运作所需确定的公告内容编制初稿	公告前三天
	2	资料合规性审核	对需公告的内容进行合规审核	公告前两天

续表

节点	步骤	事项	主要内容	完成时间
	3	进入业务专区	用股票交易所密钥通过业务专区向交易所提交信息披露申请	公告前一天
	4	添加公告类别	添加公告类别	公告前一天
节点二：填写（Fill in）	5	填写信息披露的相关信息	填写详细的信息披露信息（包括公告数量、时间、披露报刊等）	公告前一天
节点三：上传（Upload）	6	上传文件	上传信息披露文件，并编注公告编号、选择登报或上网。	公告前一天
	7	审核披露要点	审核披露要点	公告前一天
节点四：提交（Submit to）	8	提交申请文件	提交全部申请文件	公告前一天
	9	提交传真附件	向股票交易所传真会议决议、独立意见、财务报表、确认书、董事会意见、监事会意见等签字盖章页。	公告前一天
节点五：修改（Modify）	10	沟通后修改	与股票交易所监管员沟通修改公告资料	公告前一天
	11	递交媒体	公告内容经股票交易所审核后递交媒体	公告前一天
	12	公告信息	在中国证监会指定媒体上进行公告	公告当天
节点六：复核（Check）	13	复核并转发董、监、高	做好披露信息的复核并及时将披露文稿汇报于企业的董事、监事和高级管理人员	公告当天
节点七：报备（Report）	14	向监管部门报备	将信息披露公告文稿和相关备查文件报送省证监局，并置于公司供社会公众查阅	公告后三天
	15	文件及公告稿存档	对信息披露文件及公告进行归档保存	公告后三天

6.8 依据行权标准进行行权考核

得到股权激励的激励对象，何时行权、如何行权，必须要通过行权考核。考核通过，行权对象可以行权，否则就没有资格行权。而行权考核要遵循一定的标准进行，考核标准要视各企业的具体情况而定。但行权标准的注意事项是通用的，若能谨慎遵守，就能制定出符合企业现状的行权考核标准。

（1）考核不能掺杂个人偏见，也不能偏听偏信。

（2）考核不能由某个人负责，而应由某组人负责，并对实施考核的人员进行监督。

（3）考核后要及时与考核对象进行沟通，避免存在误会和错误，发现问题要及时纠正。

（4）加强考核结果的重视，防止人为因素导致考核结果的失真。

（5）考核结果要对外公布，并进行排名。

2007年，海南海药股份有限公司（以下简称"海南海药"）实施了股权激励计划。2010年9月7日，海南海药董事会公布了《关于股权激励期权行权的决议公告》，内容中写明：

"公司首批获授股票期权的激励对象已由相关考核者对其2009年度绩效目标的实际情况进行了考核，董事会薪酬与考核委员会对激励对象2009年度考核结果进行了复核，确认激励对象2009年考核全部合格。根据公司2009年考核年度的业绩指标及激励对象的考核情况，均符合公司'激励计划'规定的第四个行权期的行权条件……根据《企业会计准则第11号——股权支付》的相关规定，本次行权股份按照权益工具授予日的公允价值已计入2009年度相关成本或费用和资本公积。按照本次行权数量150万股和行权价格3.63元计算，本次股票期权行权的实施将增加公司银行存款544.5万元，对应增加公司净资产544.5万元（其中，股本150万元，资本公积394.5万元），对公司当前损益没有影响。"

行权是检验股权激励结果的最好方式。如果全部激励对象都能行权，说明企业通过股权激励的目的达到了；如果大多数激励对象能够行权，说明此次股权激励的效果也相当不错；如果只有少数激励对象或没有激励对象能够行权，那么此次股权激励就等于流产了，毫无作用。但不能为了行权而行权，不能制定标准过低的行权考核条件，也不能擅自修改考核结果。因此，激励对象能否行权，只有激励对象的考核结果才能决定。企业在行权时，不仅要依据激励对象的考核结果，还要注意其他注意事项：

（1）认真核实行权对象。这是一再强调的一点，必须要确保行权对象的真实性、服众性和无异议性。

（2）发布公告，说明行权对象。对激励对象考核完毕进入行权环节时，企业应公布可行权人员名单。

（3）发布公告，说明行权期。为了保证行权对象都是符合要求的，企业还应公布详细的行权结果，并注明行权期。

（4）出具《法律意见书》。尤其是上市企业在安排好行权事宜后，应根据规定邀请律师事务所出具一份《法律意见书》，以示公正、合理、合法。

6.9 转让登记、撤销、回购

当激励对象通过上述八个步骤，得到了用于股权激励的股份或股票后，是不是只可以持有呢？答案是"NO"，还可以转让、撤销、回购，若出现这三种情况，应该如何操作呢？下面进行逐一讲解。

第一，用于股权激励的股份或股票的转让及登记。

股权激励计划涉及的主体就是企业的股份和股票，所用于激励股份或股票的来源（非上市企业）均是现有股东的无偿赠予或有偿转让。一旦股权激励计划开始实施，就意味着企业的股东发生了变化——股东数量增加，进一步意味着出资情况也有了变化。因此，企业必须由股东出具一份赠予或转让说明，在工商部门重新登记。登记之后的股份或股票才具有法律效力，才能真正为激励对象所拥有。

某公司由A和B两人共同创立，公司股权A持有69%，B持有31%。经营过程中，发现C和D两位员工不仅能力强，还很有责任心，为了留住人才，A和B决定对这二人实施股权激励。具体方式是：A和B自愿让出公司8%的股权，以原始注册成本平价转让给C和D，其中A让出5%，B让出3%，C和D各得到4%的股权。经过洽谈后，双方达成一致，于是签订下一份股权转让协议，并到工商行政部门进行了重新登记和注册。

无论是上市企业还是非上市企业，在以实际股份或股票进行激励时，必须按照相关流程一步步实行，以确保股份或股票的有效性（见图 6-5 和图 6-6）。

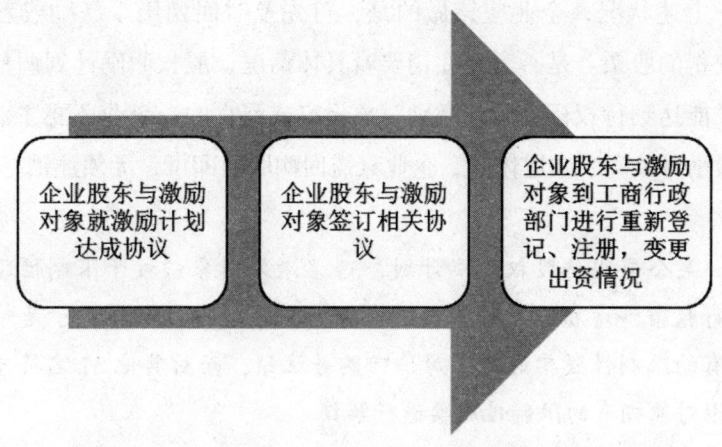

图6-5　非上市企业用于股权激励的股份或股票的有效性保证

图6-6　上市企业用于股权激励的股份或股票的有效性保证

需要注意一点：股权激励的协议应以股东的名义签订，而非企业的名义，因为无论是股份还是虚拟股票，都是股东而非企业出让自身的部分权益。

第二，用于股权激励的股份或股票的撤销和回购。

如果在激励计划实施后，因某些特殊情况，企业决定修改激励方案，应该怎样操作？

如果在激励期满后，激励对象未达到行权标准，企业应该怎样操作？

如果激励对象在已经获得激励的股份后离职或退休，企业应该怎样操作？

在激励计划实施期间，如果激励对象发生犯罪、死亡等情况，企业应该如何操作？

对于上述状况，企业应该做的是，首先及时回购用于激励或者激励对象已经获得的股票。是否需要注销要看具体情况，股权激励计划调整的、激励对象没能达到行权标准的、激励对象坐牢或死亡的，企业还要注销相应股票。而激励对象离职或退休的，企业只需回购股票即可，无须注销。

某公司实施股权激励计划，39名激励对象被授予限制性股票。经过行权条件考核，发现有两名激励对象未能通过考核，于是对这两人拥有的限制性股票进行了原价回购并注销，而对其他37名符合条件的激励对象拥有的限制性股票进行解锁。

企业回购了股票后，可不可以只回购不注销，并将其划为预留部分另行激励？

是不可以的。因为企业回购的这部分股票，非上市企业是得到股东会、董事会通过的，上市企业则是得到了证监会审核通过，不能擅自更改或篡用，因此企业回购的这部分股票必须要注销。

第七章
与股权激励相关的配套机制

股权激励从来不是独立存在的,要与薪酬、绩效、福利等结合在一起,形成联动才能发挥更大作用。因此,在探讨如何实施股权激励时,也需要探讨如何做好股权与其他配套机制的联动,以期让股权激励发挥更大的效用。

7.1 股权激励和绩效管理的目标一致性

想要得到的人才，能够如愿得到；
想要留下的人才，能够安心留下；
引进的人和留下的人，都能人尽其才；
……

只有保证高质量人才队伍的持续供应和倾心付出，企业才能步步高升，持续发展。

人才能否愿意长留和尽心竭力，并不是主观意识决定的，关键在于企业对其的重视程度和保障程度。因此，企业开始学习和引入股权激励计划，毕竟正确的激励机制是驾驭人才最好的方式。但是在具体操作股权激励计划时，应该如何划分股权？何时划分股权？给哪些人股权？划分多少股权合适？等等。这些问题会一波接一波地袭来，虽然有"九要素框架"帮助我们整理，但要想"九要素"得到正确执行，最基础性条件的却是绩效管理。

绩效管理所得出的结论，就是股权激励计划实施的参考依据。因此，股权激励和绩效管理相当于一对孪生兄弟，它们有共同的根脉，也相互依存，又有着不同的作用和意义。那么，股权激励与绩效管理到底是什么关系？

第一，股权激励和绩效管理的目标一致性。

实施股权激励表象目的是激发员工的工作积极性和责任心，根本目标则是让员工成为企业的主人。只有将员工的利益与企业的利益彻底关联在一起，员工才有信心和动力去发挥最大的才能，从而提高企业业绩。

绩效管理是通过建立目标管理体系，实施绩效计划、绩效沟通、绩效记录、绩效考核等全过程。每位员工在绩效管理的推动下，明确自己的工作目标和岗位职责，最终以考核结果评价员工的绩效，促使员工不断进步，从而提高企业的业绩。

不论股权激励还是绩效管理，它们的最终目标都是对所得结果的不断分析和改进，多轮的股权激励和长期的绩效管理，最终让员工不断提高自己，与企业共同成长。

第二，绩效管理是实施股权激励的基础。

必须记住一句话：没有绩效管理得到的数据，股权激励就无法确定目标。股权激励的直接表现就是将企业的股权（实股和虚股）奖励给那些为企业做出贡献的人。那么，判断"做出贡献的人"的标准是什么，对这些人奖励的依据来自什么，具体到奖励多少为合适？绩效管理能否解决这些问题，只要制定的考核标准是公平、公正的，得出的考核成绩是合理的，实施激励才能被充分认可。

第三，股权激励能促进企业绩效管理体系得以提高。

通过上一点可知，股权激励离不开绩效管理作为参考基础，其实股权激励还能给予绩效管理以反作用力，帮助企业提升绩效管理体系的标准。也就是说，第二点与第三点结合在一起，就是股权激励与绩效管理的相互依存。

任何一家企业在有实施股权激励的想法时，首先要看清楚企业的绩效管理制度是否是公平、公正、科学、有效的。如果答案是YES，继续下去没有问题；如果答案是NO，就不可以继续下去。股权激励的建立必须通过一些有效的管理方法和管理手段去实现，若绩效管理达不到要求，则股权激励也同样达不到要求。所以，必须要先完备绩效管理体系，才能推行股权激励计划。

第四，股权激励是绩效管理实现结果有效的表现形式之一。

绩效管理中的绩效考核结果不仅是被参考，还要被应用，就是通过结果对员工实施一定的激励。通常应用较多的是绩效薪酬，就是做的多，拿的多，成绩大，薪酬高。但激励的效果总是不能持续，而且会让员工形成"短视习惯"，只顾当下绩效，不顾企业长远发展。

如果将股权激励引入到薪酬体系中，激励的效果就会显著增加：①股权激励的收益更大，员工的积极性更高；②股权激励更具长远性，员工的"短视"变为"远视"；③股权激励的尊重度更高，有了成为股东的自豪感；④股权激励的地位也更高，员工变"给老板干"为"给自己干"。

总之，随着股权激励的持续升温，越来越多的企业都在追赶股权激励的热潮，但若想股权激励计划能完美设计并实施，就离不开绩效管理的保驾护航。

7.2 在薪酬奖励的基础上增配股权，变"劳资对抗"为"劳资一体"

曾经，获得薪酬奖励是员工为企业工作的唯一目的。一个人有多大能力，就能拿到多少薪酬；为企业做多大贡献，就能得到多少奖励。看起来这是非常合理的工酬交换形式，但为什么"劳资对抗"总是萦绕在企业经营中呢？即便对抗不在表面（如罢工、抗议、离职），也常在暗中发生（如消极怠工、揽功推过、糊弄欺瞒）。如果你是企业的经营者，你认为给下属的待遇已经相当不错了，可下属仍然不满意，这就需要分析问题究竟出在哪里了。

其实，主要是"短期"和"长期"的冲突。员工因为想得到更多的薪酬和奖励，一定会关注企业短期（月、季度、年度）的经营业绩，关注自己的岗位、资历，因此会因为过多地考虑自己的利益而牺牲企业的长期利益。企业经营者一定会更关注企业的长期利益，更关注员工对企业的贡献和价值，因此也会因为过多的考虑企业的利益而导致员工的短期利益受到损害。

这就是"劳资对抗"始终存在的原因。其实，薪酬在一定时期内是相对稳定，也比较刚性的，但薪酬难以让员工产生归属感，始终是一个打工者。因此，想改变"劳资对抗"的现状，首先要清除"劳资对抗"产生的土壤。最好的方式就是在薪酬奖励的基础上增配股权，让员工成为具有股权的股东，这样就从打工者变成了创业者，"劳资对抗"也就转变为了"劳资一体"。总结股权激励与薪酬奖励的五个区别见图7-1。

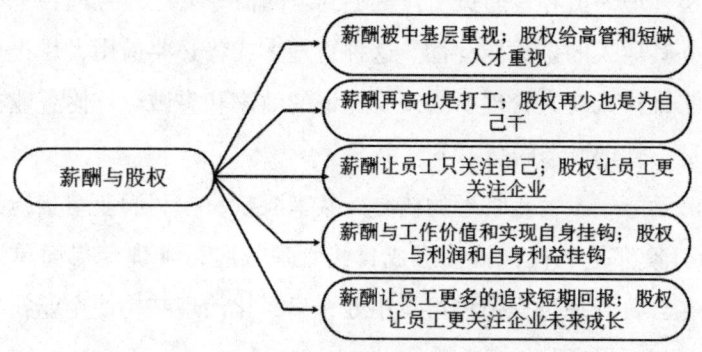

图7-1 股权激励与薪酬奖励的五个区别

接下来，通过员工收入、劳资关系、管理特征、监制机制四项，将薪酬奖励和股权激励进行整体对比分析。

1. 员工收入

薪酬奖励——员工的收入结构以工资、提成和奖金为主。薪酬收入的水平由当地同行业水平来决定。老板给出薪酬，建立在高指标、利益最大的想法上，员工则希望少干活也能拿不错的薪酬，这就形成了和老板的博弈。

股权激励——激励对象的收入中薪酬只是一部分，另一部分来自股权分红，甚至股权分红占比还更大。分红的多少取决于创造的利润挂钩，是一种上不封顶、稳定、公开、公平的利益共享机制。

2. 劳资关系

薪酬奖励——薪酬收入属于企业的成本费用，员工收入和老板收入之间是你多我少的关系，而且员工没有义务、也没有想法主动控制成本，老板则希望员工更好的控制成本，这就是劳资对抗关系。

股权激励——一种劳资共享收益的制度，员工有动力、有意愿去控制成本，增加业绩，创造更多的利润，这与老板的想法不谋而合，这就是劳资一体关系。

3.管理特征

薪酬奖励——老板是企业的最顶级，接下来是高级管理人员、中级管理人员、基层管理人员和普通员工。从上到下的命令下达式管理，基本毁灭了除老板以外其他人的主观能动性。这种管理方式势必要借用大量报表、会议的模式，来维持人对人管理所必须要保证的效率和忠诚。这使企业在管理方面造成臃员，管理成本居高不下。

股权激励——股权是管理的核心，共享股权，按利润业绩实施激励，每一名激励对象都是老板，就会形成自我管理效应，管理变得简单易行。报表、会议在自我管理过程中将再无用处，扁平化治理结构使企业找到"夫妻店效率+沃尔玛规模"的高效路径。

4.监制机制

薪酬奖励——薪酬绩效是分级管理，老板"一言堂"，下面的人没有对抗的力量和揭发的动力，这就导致下级对上级不能形成监督，企业内部难以建立真正的监督机制。

股权激励——强调自我管理、自我约束。掌握股权的股东都有义务也都有意愿去监督别人哪怕是下级对上级的监督，从而完善企业的监督机制。

7.3 以业绩考核决定配股资格，员工主动追求替代老板被动要求

"多劳多得，少劳少得，不劳不得"，是每个中国人从小就知道的。付出就会得到回报，这既符合人性需要，也符合市场规律。

因此，在薪酬中出现了"提成"这个类别，干得多，提成就多，于是员工都乐意为获得更多的提成而努力工作。于是，由老板被动要求变成了员工主动追求。但是这种追求若控制不好，会出现不利的影响，比如员工因为渴望获得高提成而追求短期利益，进而忽视了企业的长期利益。如果你是企业的经营者，要为避免出现这种情况想办法，那么告诉你，除非改变员工的收益结构，不然就是无解的死局。

所谓改变员工收益结构，是指将员工的收入进行拆解，然后重新加入或剔除新的元素（见图7-2）。

图7-2 员工收益结构的改变（一）

图7-2中，将员工收益模拟成键盘，收益的结构由五大项组成。除了

基本工资和补助外,其余三项都与业绩有关,但都是鼓励员工追求短期利益的。而且细心的人已经发现了,"键盘"上的"回车键"是空缺的,什么都没有。那么,这个"回车键"应该是什么呢(见图7-3)?

图7-3 员工收益结构的改变(二)

图7-3中,"回车键"上填写了股权、股票,这两线就是改变一名员工收益结构的重要类别,也是改变一名员工的眼界、思维、境界的"最佳拍档"。

当一个人拥有了股权后,自己的身份从工作者变成了创业者,企业的好与坏与自己的利益息息相关,自然就开放了眼界,也拓宽了思维,提高了境界。

很多企业经营者虽然知道这个道理,但因为担心员工的收入高了,就失去了工作热情,因此不愿意实施股权激励。其实,员工收入高,稳定性就强、对企业的认同度与归属感也会得到增强。

员工创造的越多,获得的回报就应该越高,反之也同样成立,获得的回报越高,员工创造的也越多。但这句话不是天然就成立的,需要建立在一定的基础上,这个基础就是业绩。股权激励必须建立在业绩考核的基础上,也就是以业绩考核结果来决定是否获得配股的资格。

而按业绩配股应当考虑业绩的绝对标准(如每股盈利增长、股东回报提升)和相对标准(如地位相当的同业市值上升水平)。

1999年,恒丰控股有限公司(以下简称"恒丰控股")实施股权激励计划，但由以往的与每股盈利增长挂钩，修改为与预先制定的股东总回报挂钩。

股东总回报是指期内的股份价值及宣布派发的股息收入的增长。汇丰控股预先制定的目标是在五年内使股东总回报最少上升一倍（绝对标准）。考虑到汇丰要成为国际领先的金融机构，需要与其它金融机构比较（相对标准）。

为了实现股权激励计划的目标（五年内股东总回报上升一倍），也为了让自己的收益最大化，恒丰控股的激励对象干劲十足，主动寻找实现目标的方法。即便是暂时未得到股权激励的员工，工作也很努力，希望自己能入围下一批股权激励计划。

可见，在实施股权激励时，业绩就是王道。对于激励对象而言，在业绩的拉拽下，其工作绩效与所获激励之间的联系是直接而紧密的。提升工作绩效，就等于提升自己的股权获得数量，激励对象自然愿意，这是激励对象与企业、激励对象与股东三方共赢的格局。

7.4 股权激励同利润挂钩，从没有成本概念到自动控制成本

对于成本的在意程度，企业所有者永远是最关心的那个人。他也要求企业的其他人也能重视成本，尽量减少因成本浪费而导致的不必要的支出。但效果如何呢？不用问就知道，几乎是无用的。员工为什么要节省成本，员工为什么要有节省成本的意识，员工为什么要为企业着想，员工为什么要同老板一条心？

不要说员工差劲。这个世界上没有差劲的员工，只有差劲的制度。是企业的制度让员工不愿意为企业着想。有很多企业管理者已经注意到了这个问题的严重性，他们不再将原因归咎于员工，而是从企业的制度上找症结。最终发现了实施股权激励计划时，没有考虑利润因素。只是在薪酬奖励的基础上开启了股权激励，又在业绩考核的标准下决定了配股资格，激励对象也由关注短期目标变成了关注长期目标，但在如何实现目标的方式上仍然缺少约束。

比如，A公司实施股权激励计划，激励对象将目标瞄向了五年后，当下也在努力工作，但因为想要达到目标的愿望很迫切，反而忽视了短期成本的节省。在工作时，怎么方便怎么来，能节省的也浪费掉。

其实，股权激励计划的实施是依赖业绩考核的，而业绩的组成部分之一就是成本，成本浪费了，就等于利润下降了。但是并非所有激励对象都能考虑到这一点，因为大多数人并没有成本概念，他们只关注利润。

这就需要在激励对象的大脑中树立起成本的概念，让其从没有成本概念变为自动自愿地控制成本。

> 某装修公司有一个公关团队，三个设计团队，六个业务团队，每个业务团队有10~14名成员，负责从采购装修原材料，到实施装修，到最后家具入户的全部工作。公司为此制定的年利润目标（净利润）是500万元。为了激励业务团队，公司决定实施股权激励，只要年底超额完成利润目标，超出部分公司将拿出50%对团队予以奖励。
>
> 在激励政策的刺激下，员工在保质保量的基础上非常注意节约成本，几颗螺丝钉、半块木料、几块瓷砖、半袋胶泥、一点漆料……能用的就用上，能返货的就返货。虽然这些东西看似成本不高，但积少成多，一个团队一年竟然能多节约成本20余万元，六个团队一年竟然节约了成本上百万元。而这些节约下来的成本中，根据激励政策的规定，最终有一半都进了成员们的口袋。

实施股权激励与利润挂钩，不仅能够提升激励对象的成本概念，还可以提升他们节约成本的自觉性。毕竟节约成本的理念不是靠强制就能得到的,只有内心有了自觉节约的概念,才会主动去做。而且一旦形成了良性循环,将会为企业和个人都带去极大的收益。

当然,任何制度都不是万能的,股权激励也是一样,除了日常的规章规定外,惩罚制度就要必须跟上。如果团队中有一个人不去节约成本,也不予以处罚,就会严重影响团队其他成员的工作热情和节约成本的自觉性。

7.5 股权融资对接上游资本,套牢投资人

股权融资,就是以企业的股份换取资金,实施的前提必须是企业的股东愿意让出部分企业股权,通过企业增资的方式引进新股东的融资方式。新股东作为企业的投资人,在得到企业的股权后,就可以依照所占股份的比例分享企业的利益和权利。

股权融资有哪些优势呢?不仅能解决企业资金不足的问题,还没有为企业增加债务负担。因此,相对于债务融资的用时间换空间,股权融资则是用空间换时间。在企业投资与经营方面股权融资具有三种优势(见图7-4)。

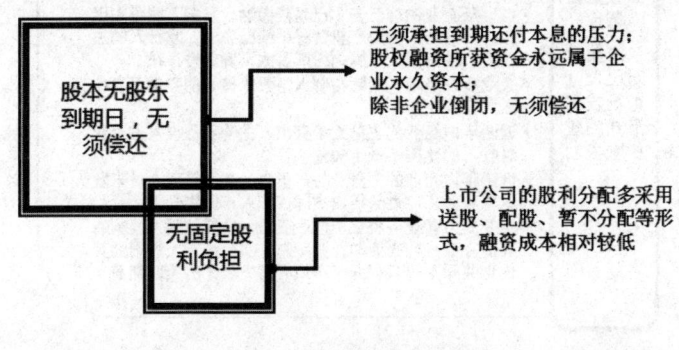

图7-4 股权融资的优势

能够进行股权融资，不是所有企业都可以进行的，必须满足一定条件才有资格进行。当然，具备了资格的企业也不能保证股权融资就一定能成功，仍然需要达到一定的条件作保障。

那么，都有哪些条件必须要达到呢？通常分为基本条件、主体资格条件、财务指标条件（见图7-5、图7-6、图7-7）。

基本条件
- 企业主营业绩突出，市场前景广阔，行业中地位较高，且成长性良好
- 企业管理规范，团队具备专业精神，结构合理，且与投资者就发展战略与管理理念能达成一致
- 企业不存在影响上市的重大风险或障碍，预期一定期限内能够公开上市

图7-5　股权融资应符合的基本条件

主体资格条件（主要针对已公开市场发售形式的股权融资）
- 拟融资企业应当是依法设立且合法存续的有限责任公司或股份有限公司
- 企业成立后持续经营时间需在三年以上，如成立之后出现歇业、勒令停业整顿或由其他原因导致主营业务中断的，持续经营时间应当从恢复营业之日起重新计算
- 拟融资企业的注册资本已足额缴纳，发起人或股东用作出资的资产的财产权转移手续已完成，发行人的主要资产没有重大权属纠纷或重大不确定性存在
- 企业股权清晰，实际控制人与股东持有的股份不存在重大权属纠纷
- 近两年内企业的主营业务突出，主营业务收入占企业总收入的比例不低于50%
- 近两年内企业的主营业务、董事、高级管理人员未发生重大变化，近一年内实际控制人未发生变更
- 企业的主营业务独立于控股股东、实际控制人控制的其他企业，即企业与控股股东、实际控制人控制的其他企业间不得有同业竞争或者显失公平的关联交易

图7-6　股权融资应符合的主体资格条件

第七章 与股权激励相关的配套机制

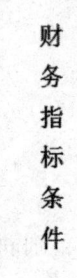

图7-7 股权融资应符合的财务指标条件

在了解了上述条件之后,如果企业满足了股权融资的条件,就可以进行股权融资了。那么,企业可以通过哪些手段进行股权融资呢?纵观市场曾被操作过的股权融资形式,主要有三种:股权质押、增资扩股、股权私募。

第一,股权质押。

按照世界上大多数国家对于担保的法律规定,质押以其标的物(压的什么东西)为标准,可以分为动产质押和权利质押。

股权质押就属于权利质押的一种,是以出质人以其所拥有的股权作为质押标的物而设立的质押。股权质押让很多想要快速发展的企业收益,相比较过去的债务融资,股权融资扩大了融资范围和融资金额。

股权质押的融资流程:

第1步:由公司提出贷款需求,形成初步融资方案。

第2步:公司在股权登记中心(产权交易中心)登记托管。

第3步:客户提交相关材料,请求托管中心受理。

第4步:如果托管中心予以受理,则尽心审核;若托管中心不予受理,则返回上一步重新准备材料,再度发起请求。

第 5 步：托管中心发布信息，向银行推荐。

第 6 步：银行依据法律法规审核后，或者通过受理，或者不通过受理（向上返回）。

第 7 步：银行予以受理。

第 8 步：银行约谈委托托管中心，确定意向贷款方。

第 9 步：一方设计贷款方案，一方评估股权价值。

第 10 步：银行依法依规对企业进行全面调查。

第 11 步：调查通过，则银行通过审批；调查不通过，则向上返回。

第 12 步：银行审批通过后，与企业签署合同，办理质押手续。

第 13 步：银行向企业发放贷款。

股权质押，需要有一个高信用度的机构进行托管，通常股权登记中心或产权交易中心充当了这样的角色，为投资方和融资方搭建起一个顺畅交易的平台。因为有标的物作为质押，如果质押方不能履行约定时，债权方可以依照约定进行股权拆价受偿，化解投资风险。

第二，增资扩股。

企业根据发展需要，选择扩大股本，抬高企业的资本金，获得融资的方式。对于有限责任公司而言，通常是指企业增加注册资金，新增部分由新股东认购或由新老股东一起认购。因此，按照资金来源，增资扩股可以分为内源增资扩股和外援增资扩股。

（1）内源增资扩股，顾名思义是在现有股东内部进行增资的形式。

> 某公司原有出资总额为1000万元，其中A出资500万元，B出资300万元，C出资200万元，三人分别占公司股本的占50%、30%和20%。现在，为了扩大生产规模，公司需要增资2000万元，规定以原股权比例为出资标准，A需出资1000万元，B需出资600万元，C需出资400万元。在增资的目的达到后，公司员工占股比例没有发生变化。

为了解释得更加清楚，本案例中的内源只有3个人。在现实企业经营中，做到一定规模的企业，股东数量会成倍增加。这种情况下，在进行内源增资扩股时，要考虑到全体股东的利益和意愿。首先，不能强迫同意增资；其次，不能隐瞒不予告知增资事宜；最后，不能欺骗股东进行增资。

企业增资的目的是为了让企业壮大，最终每位股东都能从中获利，如果在尚未扩大之前就损害了股东利益，就适得其反了。

（2）外源增资扩股，就是邀请外部投资者以向企业投资的形式完成增资。

Z公司正处于发展的关键阶段，资金却出现短缺。为了获得长久的资金支持，也为了降低负债带给公司的影响，公司的四位股东开会决定进行增资扩股。四位股东的股权比例是，A股东占股50%——2000万股，B股东占股20%——800万股，C股东占股10%——400万股，D股东占股20%——800万股。也就是说，Z公司的股本总计4000万股。

公司拟定向投资商Y公司增发1000万股，股价以公司净资产的8倍溢价为计算标准，获得8000万元投资。之后，Y公司将占Z公司20%的股份，而原公司的股东占比将调整为，A股东占股40%，B股东占股16%，C股东占股8%，D股东占股16%。

与内源增资控股的案例类似，企业的股东数量通常不能只有几个，在引入外部资金时，更应该让全体股东清楚具体状况。若在增资扩股的过程中出现任何让股东利益受损的行为，都要及时纠正，甚至停止此次增资。

第三，股权私募。

私募股权融资，就是非上市公司通过出让一部分股权而获得投资的一种融资方式。过去十几年间，私募股权融资相对于其他融资方式是发展最快的。

私募股权融资对企业的发展非常重要，具体表现在以下几个方面（见图7-8）：

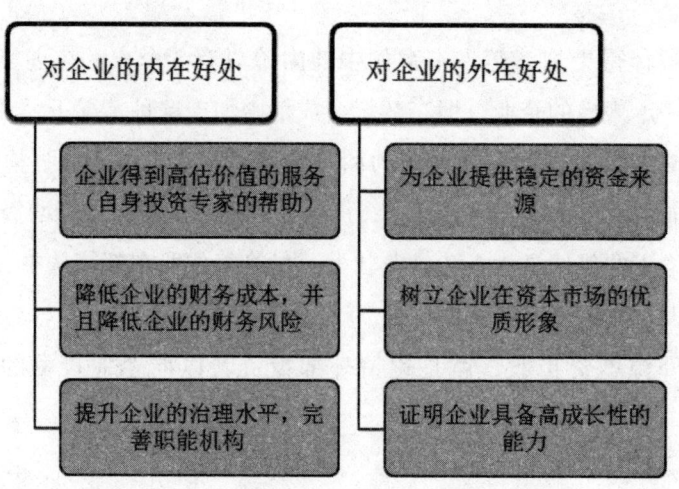

图7-8 股权私募对企业的好处

私募股权融资的流程可分为4个阶段、10个步骤。

阶段一：投资银行与融资企业的两方协作。

第1步：投资银行与融资企业签下服务协议，银行需为企业获得私募股权融资提供一整套完整的服务。

第2步：投资银行与融资企业建立专业服务小组，准备相关的私募股权融资材料（包括①关于公司的简介、结构、产品、业务、市场分析、竞争者分析的《私募股权融资备忘录》；②企业过去三年审计过的财务报告；③财务预测报告——融资资金到位后，企业未来三年的销售收入和净利润的增长）。

第3步，投资银行与融资企业共同设立一个目标估值。

阶段二：投资银行与私募股权融资机构的协作。

第4步，投资银行将材料传送给相关的多家私募股权基金的合伙人。

第5步，投资银行代替企业回答私募股权基金的第一轮问题，并发掘对企业兴趣最大、能给出最高估值、能提供最大帮助的私募股权基金。

阶段三：投资银行、融资企业、私募股权融资机构进行三方联动。

第6步，投资银行安排私募股权基金合伙人与融资企业会谈，并陪同私募股权基金合伙人对企业进行实地考察。

第7步，获得至少两到三家私募股权机构的投资意向书，形成竞价。

第8步，由融资企业最终决定接受哪家私募股权基金的投资，并签订投资意向书，确立相关条款。

阶段四：投资银行在企业得到融资后的尽职调查。

第9步，投资银行开始尽职调查，并向私募股权机构发出相关尽职调查材料，包括财务方面（由私募股权机构出资聘请会计师事务所完成，对企业的历史财务数据进行分析）、法律方面（由私募股权机构出资聘请会计师事务所、律师事务所完成，对企业的法律文件、注册文件、许可证及营业执照进行核实）、经营方面（由私募股权机构的人员完成，对企业的经营战略和未来商业计划进行分析）。

第10步，尽职调查结束后，投资银行和融资企业一起与私募股权基金进行谈判，并签署最终合同。

7.6 股权众筹链接下游力量，获得最广泛支持

什么是众筹？就是个人或中小企业通过互联网向大众筹集资金的一种项目融资方式。众筹与融资是对立统一的关系，都是为企业解决资金紧缺的问题，但融资是大宗资金一次到位，众筹则是小笔资金集中到位。因此，众筹从某种意义上说，就是大众创新，万众创业的形式。

根据众筹筹集资金的目的和回报方式，可以分为股权众筹、债务众筹、回报众筹、捐赠性众筹。本书是讲解股权的，我们也只从股权的角度考虑，讲述股权众筹。

什么是股权众筹？是个人或中小企业以获得股权的形式，在众筹平台出资投资一个项目或一家企业，以获得未来收益。

股权众筹起源于美国，是资本市场中一种新的互联网融资方式，现已发展至全球。国际证监会组织对股权众筹做如此定义："通过互联网技术，从个人投资者或投资机构获取资金的金融活动。"

中国人民银行等十部门，在2015年7月18日发布的《关于促进互联网金融健康发展的指导意见》中也对股权众筹做了定义："通过互联网形式进行公开小额股权融资的活动。股权众筹融资必须通过股权众筹融资中介机构平台（互联网网站或其他类似的电子媒介）进行。"

股权众筹被业界一致看好，是因为其具备了以下三项非常有价值的意义（见图7-9）。

图7-9 股权众筹的意义

虽然股权众筹已经在全世界范围内铺开，但中国的股权众筹尚处于发展阶段，股权众筹的模式也正在摸索当中。并不是已经存在的每一种模式都可以"拿来主义"，有些模式不适合企业，有些模式不适合经济时期，有些模式注定要被淘汰。因此，企业在进行股权众筹时，需根据实际情况挑选适合自身的模式。我们推荐以下三种既符合中国法律要求，又符合当下中国企业经营发展的模式（见图7-10）。

第七章　与股权激励相关的配套机制

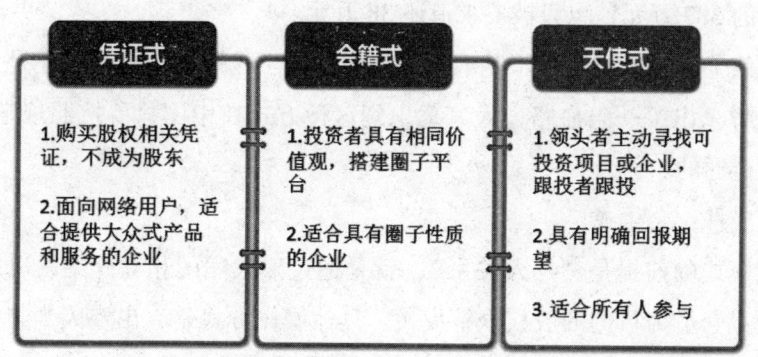

图7-10　股权众筹的三种模式

第一种：凭证式。

该种模式巧妙地运用了网络这种媒介，让本该出让的实体股权变成了相关凭证。具体操作方式是，进行股权众筹的企业，只允许投资者在互联网平台上出资购买与企业股权相关的凭证（即与股权绑定的特定凭证），投资者只是买到了凭证，并不会直接成为股东，企业也不用因此而出让股权。

> 2012年10月5日，美微传媒创始人朱江开了一家名为"美微会员卡在线直营店"的淘宝店，投资者只需购买该直营店内销售的会员卡，就等于购买公司的原始股票。单位凭证为1.2元，最低认购单位为100股，只需要花120元下单就可以成为持有美微100股的原始股东。最终，通过直营店销售会员卡，美微传媒众筹到387万元资金，开创了股权众筹运营的新模式。

这种通过在网上售卖原始股权凭证的行为，最终以被证监会叫停的方式结束了。因为这种高调的"叫卖式"融资，引起是否属于非法集资的争议。但用美微传媒的创始人朱江的话说，许多创业者都有这种公开筹资的想法，但实际做的人很少，他希望有个尝试。

彼时，正处于众筹概念的起步阶段，防止出现非法集资是有必要的。因此，虽然美微传媒选择了走钢丝，也被证监会叫停，但并没有严厉处罚，融资得到的387万元，也只被要求退还38万元。

虽然美微传媒的众筹不是成功的，但其敢于吃螃蟹的精神，还是为中国企业众筹杀出了一条血路，大家意识到这种方式在中国只要按照规定进行，也是行得通的。

第二种：会籍式。

该模式的前提是"熟人关系"，就是通过熟人间的相互介绍，以成为某目标企业会员为目的的股权众筹模式。具体操作方式是，出资人为某一个项目或某一家企业出资，每个出资人就可成为该众筹项目或众筹企业的股东。这种众筹模式的出资者之间或出资者与企业之间一般具有相同的价值观，可以借助所投资的项目搭建一个圈子平台。

2012年，许单单、马德龙、鲍春华通过微博平台为"3W咖啡"进行股东招募。招募制度规定，每人限购10股，每股6000元。很短的时间就吸引了多位大咖的加入，包括乐蜂网创始人、知名主持人李静；红杉资本中国基金创始人及执行合伙人沈南鹏；新东方联合创始人、真格基金创始人徐小平；德讯投资创始人、腾讯创始人之一曾李青；高德软件副总裁郄建军等。

该模式强调互联网创业和投资的顶级圈子，主要作用是拓展人脉。该模式适合有圈子文化的企业，如酒吧、美容院等。

第三种：天使式。

这是一种"天使到人间"的"逆向众筹"模式。通常情况下，众筹都是渴望得到资金的一方到处寻找愿意出资的一方，而天使式众筹是愿意出资的一方主动寻找渴望得到资金的一方。出资方一般是通过出资平台来寻找自己感兴趣的项目，在对项目和所在企业进行风险评判后，再出资成为该项目的股东。

现在，某公司正在进行新项目研发，希望融资 2000 万元。投资者 A 经过了解后，非常看好该公司的新项目。因此，主动找到该企业管理者表达投资意愿，在履行了相关手续后，以领投人的身份出资 400 万元。在 A 之后的投资者，不论是主动登门的"天使"，还是众筹得到的"伙伴"，都是跟投人。在达到融资额度后，所有出资人根据各自的出资比例占有该公司众筹项目 20% 的股份。之后，线上众筹阶段结束，转入线下办理有限合伙企业，签订投资协议，进行工商变更。

这种投资类似于天使投资或 VC 模式，目的就是要将资金投放出去，然后等待获得回报。该模式更能代表互联网时代股权众筹的特性。因为准入门槛低，任何人都可以成为出资者，所以天使式众筹也被称为"领投+跟投模式"，是现在最为主要的股权众筹模式之一。

第八章
风险控制，打破股权激励的"死亡规律"

虽然股权激励已经成为企业发展不可或缺的助推剂，但秉持着凡事有利就有弊的真理，对于股权激励的风险控制意识，必须要长存。如果失去了风险控制意识，就容易出现激励计划错误、激励执行变差的状况，导致本该实现的激励效果不但没出现，甚至将企业拉入了不该出现的危机中。

8.1 股权激励的五个常见误区

任何"好经"若不懂得正确的念法都能被念歪了。股权激励就是一本好经，只要能运用正确，就能发挥巨大的激励作用，可以调动起激励对象的隐藏力量，但若错误运用，也可搅动出原本深埋于地下的混浊力量。

比如，某公司实行期权激励的计划，但因忽视了期权行权期会产生高额费用，导致企业现金流出现紧张，引发账面亏损，为企业招来了诸多非议，损害了企业形象。

再比如，某企业对高级管理人员实施股权激励计划，但激励方案的制定没有考虑到企业的现状，制定的目标过高，高管们为了达到股权激励所要求的净利润指标，不惜以牺牲企业的长期利益为代价，最后竟然做出了出售对企业至关重要的战略资产的方式，虽然短期内达到了净利润指标，但对企业未来的经营极为不利。

上述两种情况都是没有充分预估股权激励的风险，就盲目的制定方案执行了，导致企业因此蒙受巨大损失。可见，股权激励既是机会也是陷阱，那么在制订股权激励计划时，有哪些事项需要注意，有哪些陷阱需要回避呢？我们总结出如下一些对股权激励的误区，希望还徘徊在围城之外的迷茫者或已经在围城之内遭到打击的受伤者，能够因此得到一些启示。

误区一：认为推行股权激励可以完善企业治理结构

股权结构与治理结构，哪个是因，哪个是果？是谁决定了谁呢？很多企业管理者认为股权激励是因，只要实行了，就能帮助企业疏通管理方面的阻塞和弊端，形成清澈的、透明的、高效的、稳健的企业治理结构。

非常遗憾，这样的认识是错误的。在股权结构与治理结构的博弈中，股权结构要退居二线，将主角的位置留给治理结构。因为完善的企业治理结构是企业推行股权激励的前提条件和基本保障。试想，一个治理结构不够完善的企业如果开始实施激励方案，那些不完善都会随着激励的深入而逐渐爆发出来。

记住，一个人为企业工作，追求的不止是知识、能力、职位的提升，也追求经济的改善和自身价值的增值。这些都需要企业有一套完善的治理结构作为保障，让有能力、有热情、有责任心、有长远眼光的人得到应得的回报。

误区二：认为股权激励的业绩指标越高越好

这是一个普遍存在的对激励机制的错误认知，认为反正是实施激励，何不就越高越好，目标定得高，不是更能起到激励作用吗？

想的是不错，但有没有考虑到激励对象的想法？听到企业要实施股权激励很高兴，但看到所制定的目标就如冷水浇头，几乎是高不可攀的，这种情况下还有情绪去执行激励方案中的目标吗？

海普瑞公司在2011年底推出的股权激励方案中，有两个"超高"业绩指标：一是2012年净利润增长率同比不低于15%，加权平均净资产收益率不低于9%；二是以净利润增长率不低于45%（以2011年为基准），加权平均净资产收益率不低于10%。看起来，只需实现业绩指标就能获得股权激励了，但实际上，2012年海普瑞的净利润增幅仅为

0.37%，与15%的指标天地之差。八名激励对象在重压之下，（涉及股票期权数量高达37.8万股）实在拿不出解决的办法，先后离职。

股权激励预期收益和业绩指标的规律可以通过一句话概括出来，即"收益越丰厚，指标越苛刻，追求超限度，结果反受苦"。因此，企业制定任何目标都必须遵循一个标准——"跳起来，够得着"。原地就够得着的，达不到激励的目的，但怎么跳都够不到的，同样达不到激励的目的。

误区三：为快速达到激励效果，将业绩指标设定偏低

一些企业管理者在考虑制订股权激励计划时，过于追求激励的结果，也就是此次股权激励最终能有多少人得到激励。他们认为得到激励的人越多，证明激励的效果越好，因此就设定偏低的业绩指标，期望能有更多的人达到目标。

这种思维本身就偏离了激励的初衷。激励是让人能在正常的工作状态下，发挥出更多的工作热情和工作潜力，如今制定一个不用跳一下，坐着就能够到的目标，这已经不是激励了，而是福利，见者有份。当企业成了福利，股权就从"稀缺品"变成了"便宜货"，人人都想分一杯羹，分不到的就会有怨言，企业内部将会因此而动荡。

误区四：认为股权激励的成本不大

因为是股权激励，所以企业的管理者会很自然地认为与金钱无关，不会影响企业的经营成本。但现实却不是这样的。根据相关数据显示，股权激励所耗费的成本将至少占一家企业净利润的12%以上，最多甚至超过了20%。也就是说，企业将拿出一到两成的纯利润用于实施股权激励。

对于企业来说，现金流是命脉，拿出这么大的比例进行股权激励，出乎很多企业管理者的预料。正因如此，如果不对股权激励所需成本有正确的认识，很可能会给企业带来巨大的现金压力，不仅导致激励难以执行到底，而

且企业的经营也会陷入困境。

误区五：认为激励对象仅限企业高管

股权是稀缺品，因此一定要用在刀刃上，这是正确的。但不能只在企业中的某一类群体中实施，企业的壮大绝不是某一位人才或者某一类人才的功劳，而是全体人员共同的贡献。所以，要依据能力大小和贡献多少，来确定股权激励的针对对象。

但是，很多企业管理者却错误地在企业内部划分出了"三六九等"，认为股权激励是高管的专属待遇。其实不然，就像彼得·德鲁克说的："人才是企业最难超越的差异化优势。"如果企业拥有了人才，就等于拥有了难以被超越的优势，股权激励正是留住人才的方法之一。

其实，作为企业的非高级管理人员，在心里都是认可企业的福利政策和股权激励政策优先考虑高管的，但他们也会等着某一批次会轮到自己。因为术业有专攻。对企业来说，每个岗位都是关键，能在岗位上胜任的人都称得上是人才。如果只对高管人员实施股权激励，对于其他对企业贡献巨大的人员或尽职尽责的员工是不公平的。当人的内心产生了不平后，心态就会发生变化，一旦对企业有了抱怨，这将是不可逆的。

误区六：给员工造成股权激励就是承揽分红的机制

许多企业在准备实施股权激励时，往往也不清楚股权激励的根本意义，就当成了分红机制来做。

> 比如，某网络公司要开发一个新App，为了激励团队负责人，准备实施股权激励。公司老总找到团队负责人说："这个App由你全权负责，上市后抛出本金，实现盈利后，公司将跟你五五分红，并且给你一定数量的红利股（虚拟股份）。"

看起来这是一次股权激励,实际上更像是承揽分红的制度。因为虚拟股份偏向短期激励,这种既分红又给股份的激励方式,更加激发了激励对象对短期利益的追求。

这种股权激励就如同承揽分红,将产生三个不良后果:①激励对象只想做好现在,会透支企业的将来;②激励对象或非激励对象对股权激励产生误解,认为拿到股权就是拿到钱;③激励对象达到业绩目标后,企业的现金流将遭受支付兑现的冲击。

股权激励不是短期行为,如果企业单方面引导员工追求短期利益,一段时间内企业的发展将会突飞猛进,但接下来必定是减缓、停滞、倒退。

8.2 严防中国企业的"面子思维"和"平均主义"

中国是一个有着几千年浓厚文化的国度,很多文化的精髓流传下来,成为我们的精神食粮,但也有一些文化中的糟粕跟着流传了下来,成为妨碍我们的精神鸦片。与这些精神鸦片对抗是我们时刻要做的,但对抗不能是盲目的,要对症下药,才能效果良好。

作为企业的经营者,最大的精神鸦片就是"面子思维"和"平均主义"。凡事都是面子优先,遇到利益分配总想搞平衡。企业是一个讲求能力为先和利益至上的环境,能力强就获得更多的利益,能力弱获得的利益也少,这是"竞争思维"和"按劳主义"的必然结果。但如果让"面子"取代"竞争",让"平均"抹杀"按劳",公平、公正也就不存在了。

"面子思维"和"平均主义"若体现在股权结构上,就形成了不良的股权结构,股权分配不正确不仅会影响股东的权益,而且还会引发重大法律纠纷。下面列举出几种因为"面子思维"和"平均主义"导致的不合理股权搭配形式。

8.2.1 平均持股

这是典型的"平均主义"，以创业之初最为常见。创业时如果没有一方具有绝对优势（资金、能力或资源），股权的搭配常以均分的状态出现，如两个人各占50%，三个人各自33.3%，四个人各自25%等。

> 餐饮连锁店"真功夫"由潘宇海创立，后来又加入了蔡达标。在分配股权时，两人决定以感情为重，各占50%。但是，随着事业的进展，潘宇海和蔡达标在公司管理、发展理念、经营模式上冲突频现，导致二人逐渐由感情深变成了积怨深，接连的互相拆台。矛盾在2011年彻底爆发，"真功夫"部分高管因涉嫌经济犯罪被警方带走协助调查，蔡达标最终也因经济犯罪锒铛入狱。但几年的斗争之后，"真功夫"已经错过了发展的黄金时间。

实行"股权均分"的重要原因是碍于面子，觉得谈利益伤感情。但对于企业来说，导致的直接后果是没有"拍板人"，有股份的人都有发言权，但每个人都没有绝对控制权。这意味着，所有持股的人都对企业的最高位置心怀觊觎，因此不能同心协力。而且，一旦发生影响企业的大事件，往往因为个人能力不同、考虑问题的倾向性不同，导致无法达成意见一致，自然就形不成决策。对于大多数创业团队而言，平均分配股权将不可避免地引发这样的状况，接下来就是团队成员的分崩离析。

8.2.2 人资倒挂

所谓人资倒挂，就是出力的人与出资的人在持股比例上出现了错乱。企业创立之初，由于资金短缺，创始人往往会引进外部资金来助力企业发展。此时，资金相比经营能力占据了更加重要的地位，出资方也会因此要求占有企业更多的股权比例，出于"面子思维"和"面子影响"，实际经营者往往会答应出资方的股权分配要求。这就形成了出资方只在付出一定资金而没有其余贡献的情况下就拿到了大量股份，而实际经营团队却因为出资少占有小部分股份的"倒挂"局面。

某企业有A与B两位股东，A股东出资多，但参与经营少；B股东出资少，但参与经营多，股权比例分配却是A占比多，B占比少（见图8-1）。

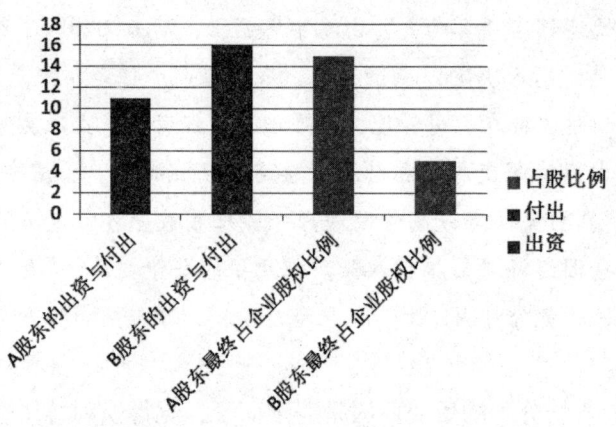

图8-1 股权分配中的"人资倒挂"

当公司快速发展之后，对外部资金的需求由强烈变为平缓，会采用更加合适的方式引入。届时，管理团队的优势得到凸显，如果依然按照创业初期的股权分配，势必会让管理团队产生不平，滋生矛盾。

"罗辑思维"在成立之初"人资倒挂"现象非常明显，两位股东依照出资比例，申音占82.45%，罗振宇占17.55%。虽然两人被称为业界的黄金搭档，但他们的关系更像是明星与经纪人的关系。申音是经纪人，负责将罗振宇推向幕前，接下来的任务都是罗振宇的，每天60秒的语音，粉丝追随的是他，而不是他所在的公司。

在这种模式下，创造价值的是罗振宇，持有大股者却是申音，股权比例决定了最终的权利分配和利益分配，也决定了两人的分道扬镳。

如今的"罗辑思维"，罗振宇是老大，市估值已经达到百亿，但申音却没有机会享受这个果实了。可见，随着经营时期的变化，各类股东的价值是不断变换的，若股东不做好股权调整的准备，一旦遇到战略抉择，分裂或崩溃将不可避免。

8.2.3 一股独大

前者，我们讨论了股权均分对企业的危害，但并不代表可以一股独大。中国有着浓厚的"追随主义精神"，就是依靠在一个能人周围，然后听命于此人，希望借助大树成就自己。"借树爬高"的想法是没错的，毕竟不能人人都当老大，任何团队都需要一个老大领路，但老大领路不能是"一言堂"的模式。

这种"一言堂"不仅体现在管理强势上，还体现在股权分配强势上，老大独占100%的股份，掌握着绝对的话语权、控制权和收益权。在发展之初，绝对的控制可能更加有利，避免了很多冗余的环节，但随着发展的深入，"一言堂"显然悖逆于正常的组织结构。在企业进入规模化和多元化阶段，如果仍然缺乏对权利的制衡机制，决策失误的可能性将成倍增加，企业将承担很大的风险。

8.2.4 挂名股东

有求必应是"面子思维"最重要的表现形式，明明不想同意，但碍于情面难以拒绝，就违心答应了。这种情况在企业经营中屡见不鲜，很多纠纷、矛盾、官司都是因"情面难却"引发的。

在股权分配上，有一种几乎是中国企业独有的现象，就是挂名股东。让某位亲属、某位好友在工商局注册成股东，但这类股东既没实际出资，也不出力（显性股东），而真正为企业出资出力的股东却没有任何工商注册的痕迹（隐性股东）。

试想，"人资倒挂"都能引发矛盾，这种"错位的股东"引发矛盾的机会将更大。比如，当家族、朋友之间发生矛盾时，手握股权的"显性股东"能做出怎样的行为……再比如，当企业经营出现危机时，没有注册痕迹的"隐性股东"将做出怎样的行为……

8.3 六种降值股权结构阻碍融资

投资机构在筛选投资目标时，股权结构也是需要重点关注的指标。如果待投企业的股权结构不健康、不合理，一定会对企业的经营带来负面影响，投资机构是不会给股权有明显缺陷的企业投资的。那么，哪些不合理的股权结构将影响公司的融资？

8.3.1 组建缺乏信任基础的"豪华团队"

如果你作为投资方，现有一家创业团队，其成员全部由"BAT"（B百度、A阿里巴巴、T腾讯）和海归组成，堪称豪华，你会给这样的企业投资吗？

面临这种局面的投资人不在少数，因为很多企业创始人为了吸引融资，喜欢招募具有大背景的创业团队。但因为多是临时组队，牌面很大，却缺乏磨合，也没有建立起底层信任，所以适配性很差。

其实，无论是投资方，还是被投资方，都要明白投资主要是投人、投团队,再好的项目也要由人来操作。经营企业不是发力短跑,而是坚持不懈的长跑,是强关系的深度绑定,没有前期的"谈情说爱",甚至"未婚同居",再厉害的团队也容易散伙。

8.3.2 没有理清楚大股东的身份

如今,创业孵化平台越来越被企业管理者接受,能够在企业内部通过裂变模式,孵化出新的企业。裂变式创业模式下,新裂变公司的股权结构为(见图8-2):

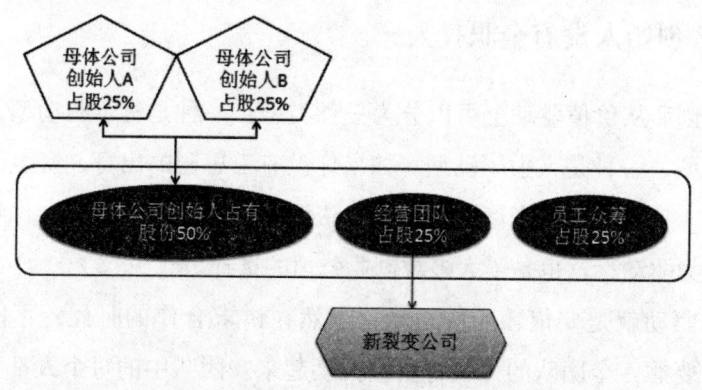

图8-2 通过母体公司孵化裂变公司的股权结构

在图8-2中,两位母体公司的创始人作为大股东,一共持股50%,经营团队持股25%,其他员工参与众筹持股25%。母体公司中的一部分人主动分离,创业孵化出了新公司——新裂变公司。母体公司除了输出资金,还可以给新裂变公司输出必要的资源。这种经营模式有利于产业裂变协同、团队激励与风险隔离。

但是,这种股权结构有一定的隐患,对于新裂变公司来说,作为大股东的投资人与创始人身份不清晰。

从管理层级上看,新裂变公司的经营团队与母体公司创始人是"员工与老板"的从属关系。

从股权结构上看，大股东是新裂变公司的实际控制者，占据了创始人的身份。

从经营模式上看，大股东不能参与新裂变公司的经营与决策，又像投资人的身份。

三种身份混搭，势必会对企业未来的发展形成阻碍。正确的股权结构应该是：经营团队投小钱占大股，其创始人是公司的操盘手与实际控制人。投资人投大钱占小股，帮忙不添乱，并不参与被投公司的经营管理。如此，创始人与投资人各自的身份定位都清晰明确了。

8.3.3 创始人没有全职投入

企业创业从价值驱动上可以分为三种类型：一种是资金驱动型，一种是资源驱动型，一种是人力驱动型。如果你没有王思聪的出身，资金驱动型就不要想了。如果你没有李彦宏的背景，资源驱动型也不要想了。你唯一能想的是靠人力驱动，这也是绝大多数创业公司的选择。

人力驱动就是要依赖人的力量，当然在讲求合作的时代，不能是一个人，而是要靠一个团队的力量将企业拉动起来。团队中的每个人都要各尽其职，各显神通，尽心竭力为企业的生存和发展拼搏。所以，人力驱动型企业需要创始人的全职投入。

> A在创立当下这家公司前，还创立了另外两家公司，目前这家公司已经得到了投资，而另外两家尚未得到投资。现在，他的主攻方向是另两家公司，期待能得到投资，这个已经得到投资的公司成了副业。

如果你也是这样的心态，我劝你在调整好心态之前不要去创业。一家企业的创立对创业者来说就像自己的孩子，需要时时刻刻的全心投入，孩子才可能茁壮成长。

或许你不同意我的观点，会以那些大型上市公司的大股东为例，告诉我他们都是同时操盘几个甚至更多的项目。为什么他们都做得很好？那是因为上市公司已经进入了成熟期，实现了从人力驱动型到资金驱动型和资源驱动型的转变，对创始人的全职投入依赖性并不高了。而且，企业做到那样的规模后，就会有自己的人才团队，团队就会打理好一切。

8.3.4 股权未实现分期兑现

某公司的启动资金只有50万元，其中A出资20万元，占40%股份。但其并不参与经营，真正的经营者是其余股东中出资最多也能力最强的B。令谁也没想到的是，仅仅九个月A就突然选择离开，并提出了翻倍撤股的要求（要求B以60万元买断其股份）。

以B为首的三个人都反对，但因为分配股权时没有约定分期兑现与回购机制，导致公司不能以合理的价格回购退出合伙人的股份。

B之所以陷入困境，是因为股权划分没有约定兑现期限和方式，导致A随意就可以不受约束的退出，再加上没有退出机制做保障，A才有了"狮子大张口"的机会。

因此，为了保证公平性，也为了保障经营团队的良性运转，在股权分配初期可以通过发放"限制性股权"的方式对所有股东进行约束。需要设定"分期兑现机制"，激励对象只有在工作年限或业绩目标符合股权激励计划规定条件的，才可从中获益。

通常情况下，有以下几种股权分期兑现方式：

（1）均分式：满一年兑现25%，满两年兑现50%，满三年兑现75%，满四年100%。

（2）递增式：第一年兑现10%，第二年兑现20%，第三年兑现30%，第四年兑现40%。

（3）逐月式：干满一年兑现全部的25%，余下部分在三年之内每个月兑现1/48。

8.3.5 过早稀释掉大量股权

融资是企业得到快速发展的捷径，一笔笔大宗资金到位，企业可以尽情地实现预想。虽然融资金额越大，企业进阶速度越快，但融资金额越大，企业股权的流失速度也越快。很多企业经营者在融资时却并未注意到这一点，只追求融资数额，很轻易就将所掌握的股权稀释掉了，对后续融资和未来经营将产生非常不利的影响。

> 某创业公司得到 A 风投公司的青睐，注资 1000 万元，经营团队自愿出让 51% 的股权得到其中 510 万元作为投资款，另外 490 万元作为对经营团队的出资借款。八个月后，公司需要再次进行融资，但 A 风投公司不想追加投资。经营团队无奈只好再寻找其他投资公司，B 风投公司虽然有投资意向，但当看到公司的股权结构后，就放弃了。

提问：B 风投公司为什么放弃投资？

因为公司的股权结构很明显，A 风投公司是大股东，是公司的实际掌控方，经营团队只是小股东，已经不掌握公司决策权。B 风投公司如果投资，实际上是投给了 A 风投公司。这种"隔山打老牛"的投资是绝对不能接受的。

再问：A 风投公司为什么不愿意追加投资？

因为没必要了，公司已经掌握在自己手里了，经营团队只是公司的高管而已，拿着 51% 的股权为自己工作。

虽然创始人不控股，从技术上看仍可以控制公司。但股权才是公司的核心战略资源，也最终决定掌控权。如果创始人过早稀释掉大量股权，会导致创始人权力下移，经营团队心里失衡。最好的方法是预留一部分股份，作为未来进一步融资和吸纳合伙人的空间。此外，在融资时不可过于急躁，不能做出"以股权换资金"的短视行为，不然到最后只是为他人作嫁衣。

8.3.6 认缴注册资本设定过高

某公司在创立时,将注册资本设定为 1500 万元,但实缴仅为 100 万元。当某投资机构进入时,也没有对此提出异议。但在融资完成后,到了章程约定的出资时限,经营团队无法完成全部出资,只能找外部中介机构垫资处理,无形中为公司埋下了巨大隐患。

在《公司法》修改后,股东出资由过去的实缴制变为认缴制。这让一些创业者看到了快速拉高企业的机会,明明不具备实力,却将认缴金额设定的很高,对外呈现出一副"高大上"的样子。

注册资本虚高控制在一定范围内,也无可厚非,毕竟想尽办法抬高企业身价总没有错。但若是设定的过高,超出了企业的承受范围,若在出资时间无法实现实缴金额,往往会通过外部垫资等不合规的方式解决。企业债权人因利益受损而引发纠纷,公司大额资金抽逃也经不起财务审计。一系列违规操作将严重影响企业的后续融资、挂牌和上市。

正确的做法是,在创业注册时就将认缴金额设定在合理范围。如果已经未缴虚高了,要在得到融资机会时对投资方及时说明,并请求投资方帮助用合理合规的方法解决。

8.4 创始人股权被稀释后的命运——"净身出户"

在上面的内容中，我们通过多个方面阐述经营团队控股的重要性，因为只有经营团队掌控股份，才能在经营中占据主导地位，将企业牢牢掌握在自己手中。

但是，在如今靠融资做大企业的发展模式下，想要长久保持大量股份在创始人或者经营团队手中，已经不太现实了。只要融资就会导致股份被稀释，而且企业要经过多轮融资后，才能走上自主发展的道路。多轮融资的结果就是股权被大量稀释，创始人或团队最终能掌握的股份很少，距离完全掌控企业的各条生命线还是有差距的，但仍然有很多方法可以帮助创始人掌控企业。

就像 BAT 的李彦宏、马云、马化腾，他们在企业的占股最多也只是 15.7%，最少只有 8.7%，可他们都是企业当仁不让的老大。这其中就涉及创始人捍卫股权的方法了，下面总结出七种，供各位参考。

8.4.1 投票权委托

"投票权委托"又称"表决权代理"，企业的部分股东通过协议约定，自愿将其所有的投票权委托给其他特定的股东行使，这个特定的股东往往是企业的创始人。

比如，京东在发行上市前，施行过一次"投票权委托"，共有十一家京东的投资人与刘强东签署协议，自愿将其所有的投票权委托给刘强东行使。这就使得刘强东凭借持有不到 20% 的股份控制了京东过半的投票权。

再如，软银和雅虎是阿里巴巴的两大机构投资者，两家合计将超过 50% 的投票权委托给马云行使。所以，马云在占股仅有 8.7% 的情况下却拥有了阿里巴巴超过 60% 的表决权。

由此可见，当企业引入投资人的时候，创始人就应该想到股权被逐渐稀释后自己如何掌权的问题。在自己的股权占比被稀释到 2/3 以下之前，创始人就必须做好未雨绸缪的准备，制定出相应的策略，比如"委托权投票"。股权被稀释了不要紧，只要投票权握在手中，一样可以行使决策权。

8.4.2 表决权与股权比例脱钩

×××公司在进行过三轮股权融资后，创始人的股权比例逐步缩减到 30% 以下。如果按照正常的以股权划定权力，该创始人已经不具备对公司的决策权。但根据公司章程规定，公司赋予创始人 70% 的表决权比例，因此，该创始人仍然掌控着公司的控制权。

What？还有这种操作，可以根据公司约定重新定义表决权！

的确可以。根据《公司法》第四十二条规定："股东会会议由股东按照出资比例行使表决权；但是，公司章程另有规定的除外。"

也就是说，法律虽有规定，但公司制定的章程却占据优先级别。因此，通过公司章程的设计，实际上表决权是可以与股权比例脱钩的，即赋予创始人特定比例的表决权。

8.4.3 双层股权结构

马云就是通过这种方式，实现了股权少，但管理权不旁落的。这种股权结构主要适用于允许"同股不同权"(资本结构中包含两类或多类不同投票权的普通股架构)的境外市场。在这种股权结构下,企业可以发行具有不同级别表决权的两类股票,一类股票的表决权级别高,另一类股票的表决权级别低。因此,创始人和管理层可以获得比采用"同股同权"股权结构下更多的表决权。

比如,某公司上市后将股票分为A、B两类,向外部投资人公开发行A类股,每股只有1票的投票权;向内部管理层发行B类股,每股有10票的投票权。如果该公司发行的股票一共1000万股,其中A类股800万股,B类股200万股。管理层持有B类股,其他投资机构和股东持有A类股。那么,A类股一共有800万元投票权,而B类股则有2000万元投票权,优势相当明显。

因此,这种股权结构的好处就是,即使只持有少数B类股的创始人和管理层,就算失去多数股权,也能继续掌控公司。但这种"同股不同权"仅适用于表决权,与股票的所有权、收益权、分红权不发生关系,每股的价值不变。

8.4.4 一致行动人协议

厦门佳创科技股份有限公司持股情况是,任何单个股东持有的股份均未超过总股本的30%,因此不能单独对公司的决策形成决定性影响。为了维持对公司的共同控制,同时也能保证控制权的稳定性和重大决策的一致性,岱朝晖、陈建杰、关光周、王金城和颜蓉蓉五人于2014年10月26日签署《一致行动人协议》,共同掌握了公司60.26%的股份。

签署这种"一致行动人协议",目的就是针对创始人团队分散,对外不能形成绝对优势的状况。但在签署"一致行动人协议"后,创始团队依靠共同掌握的总股权比例，就能对投资人的股权比例形成制衡性优势。

同时，创始团队的股东签署"一致行动人协议"集中表决权，还要在协议中明确当"一致行动人"内部无法达成一致时，那么最终得以某一创始股东的意见为准。通过这种安排，实现了创始股东的实际控制权。

8.4.5 修订公司章程

保护企业经营者权益的不止有法律，还有自行制定的章程。毕竟各公司的现状都不同，统一的法律不能帮助所有的经营者。但如果公司章程在制定时，仍然有漏洞怎么办？当然是修改公司章程，将漏洞堵住。

> 无锡常欣科技股份有限公司于2014年12月9日修改其公司章程，在原章程的第二十八条第二款中增加内容——"公司董事、监事、高级管理人员在离职后半年内，不得转让其所持有的本公司股份"。

常欣科技通过修改公司章程，对公司高层人员离职后可能的转股行为进行了限制，保证公司的股份不会因高层人员的人事调动在短时间内发生剧烈变化，这有利于稳定控股股东掌握公司的控制权。

同时，还可以通过修改公司章程增加外部竞争者的收购难度和时间成本，进而确保经营者对企业的实际控制权。比如，在公司章程中，对股东的界定增加"连续持股时间需要达到十二个月以上才有提案权和投票权"等限制，限制新增股东的提案权与投票权，从而降低敌意收购的风险。

8.4.6 资产重组

企业的经营者可以通过两种方式对公司资产进行重组，以实现对企业的实际控制。操作方式是，企业经营者借助自己掌控的其他经济主体，对企业资产的分布状态进行重新调整、组合、配置。

比如，当企业的经营者在 A 公司所掌握的股权较低时，可以与另一家自己控制的 B 公司进行资产重组。具体方法是：A 公司向 B 公司发行股份，由 B 公司持有 A 公司的股份，如此 A 公司的经营者不仅拥有了原本持有的 A 公司股份，还持有了其控制的 B 公司代持的 A 公司股份，就增强了对 A 公司的控制权（见图 8-3）。

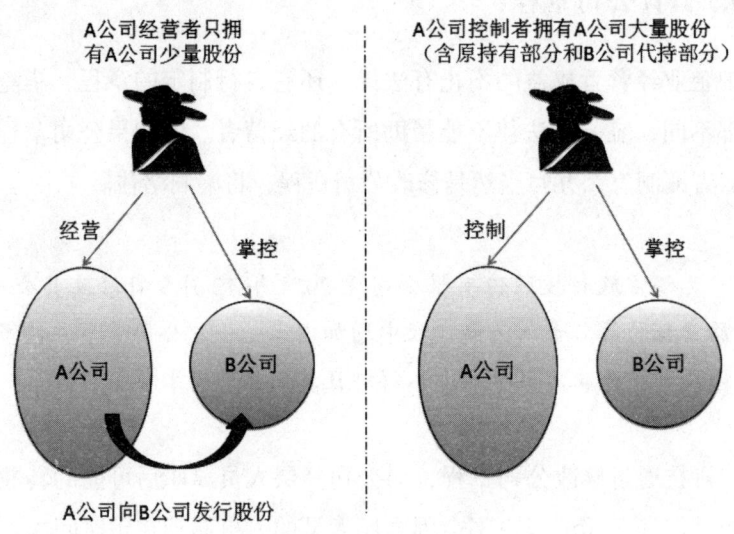

图8-3 资产重组的案例图示

8.5 警惕股权激励机制中的"搭便车"现象

如今，股权激励好像成为企业激励员工必用的手段，只要涉及提升业绩、留住人才、项目开发、拓展市场等状况，首先想到的就是发放股权，希望借助股权的力量使员工振奋起来，与企业并肩奋斗。

这其中确实有很多人拿了股权就踏实努力，将企业当成自己的事业在做。但也有一部分人，仍然不温不火，还是老样子。甚至有一些人，因为拿到了股权，认为有了保障，工作积极性反而下降了。

这都是令人失望的，显然这样的人是来"搭便车"的，他们不仅自己不努力还会连带其他努力的人不愿意努力了。因为个人贡献与所得报酬（薪酬+提升+奖励+股权分红）没有明确的对应关系——没能实现多劳多得。因此，正在努力的人也会产生减少自己的成本支出（时间、精力、能力）的想法，大家都希望坐享他人的劳动成果。

1965年，美国经济学家曼柯·奥尔逊在其发表的《集体行动的逻辑：公共利益和团体理论》一书中首先提出了"搭便车理论"，表现在企业经营中是不付成本而坐享他人之利，表现在股权激励中就是少干活的股东侵犯多干活股东的利益。

但是，股权激励在企业经营中还必须要用到，那么，要如何解决这个问题呢？经过多年的经验积累，总结了以下几点引以为鉴。

8.5.1 确定激励对象的进入条件和分配数量

有些企业在选择激励对象的范围时，会采用直接划定的方式，将某一个或某一些对象（通常是高级管理层、中层核心人员等）圈定在一定范围内，属于这个范围内的就具有享受股权的资格，不在范围内就不能享受股权。

这样的划分简单易行，但会带来后续的问题。比如，圈定范围内的对象一定都符合股权激励的标准吗？如果有不符合的怎么办？如果现在符合了，将来不符合了怎么办？范围以外的员工就一定都不具备激励资格吗？如果有圈外人士后来居上呢？圈内激励对象的股权数量划分如何确定？是否均分，依据是什么？

显然，这些问题若不解决，股权激励就会成为某些人"搭便车"的机会。上述这些问题可以归纳为以下三个问题：

1. 对于划定范围内对象的资格认定

大部分企业采用股权激励首先考虑高层管理人员和中层管理人员，高管人员数量少，而且能力值普遍能达标（激励初期认定达标），但中管人员就明显存在参差不齐的情况，一些人并不符合岗位要求，只是因为历史原因或特殊原因（老资格或裙带关系）担任一定的管理岗位。在中国，基本所有的企业都存在这样的情况，因此就不能简单地将股权激励同岗位挂钩，这样就会忽略成为好员工必备的素质和能力。这种简单的"一刀切"不仅起不到激励作用，反而会激发未被激励人员的反感心理和反抗情绪。

2. 确定每个激励对象的具体股权激励数量

我们已经知道，均分持股是不正确的，会让一些干的少的人有浑水摸鱼的机会。得到股权激励的对象需要拉开一定的差距，不能是"大锅饭"。股权分配应该向核心经营者、骨干分子和不可替代的员工进行倾斜，再匹配考核评价体系，确定每个激励对象的持股数量。

3. 对个人贡献和岗位价值的考核

对激励对象的考核评价，可以根据以往的贡献而定，也可以根据岗位性质而定。前者需要对激励对象以往做出的贡献进行系统的考核和评价，将考评结果与股权激励数量相挂钩；后者需要对岗位的价值进行考核和评价（如岗位职责的大小、决策的风险、所承担的经营业绩等），将考评结果与股权激励的数量相挂钩。

8.5.2 股权激励计划中的"动态调整机制"

某公司在实施股权激励后，起初激励效果很好，但持续一段时间后效果渐渐减弱，如今激励效果几乎没有了。分析过原因之后，员工躺在了功劳簿上，享受"一次持股，终身受益"的好处。而且，员工有了股份，具备了被雇佣者和企业经营者的双重身份，如果不努力工作，约束起来相当困难，一些能力不错的员工因此成为了"便车王子"。对于这种状况，企业管理者不仅要有充分的考虑，还要有相应的解决对策。

必须建立"动态调整机制"，借助考核评价体系，实现股权动态调整。

所谓"动态调整机制"，主要是根据"以岗位定业绩、以业绩定股份，股份随业绩走"的原则，对激励对象持有、增减以及退出股份的条件、时间及价格等做出一系列约定。

比如，A是某公司的中层管理人员，持有该公司3%的股份。根据股权激励的协议约定，如果一年绩效考评成绩不合格，A就要让出1%的股权，回购价格为入股价；如果连续两年绩效考评成绩不合格，A要让出2%的股权，回购价格为入股价；如果连续三年绩效考评成绩不合格，A就要让出全部股权，还要离开原岗位，回购价格为入股价。

股权的"动态调整机制"的目的就是把激励对象所持股份与激励对象的业绩表现结合起来。激励对象在什么情况下可以增加股权持有量、什么情况下必须减少股权持有量、什么情况下必须退还其持有的全部股权，这些都需要通过考评体系加以规范，从而减少激励对象的"搭便车"行为。

8.6 当股权激励成为"福利"……

现在，问一个问题：股权激励与股权福利有什么区别？

或许你不认为两者有什么区别，不都是将利益向员工倾斜吗！希望员工在得到经济回报后，工作能更有责任心和积极性。

如今，越来越多的企业管理者明白了人力资本的重要性，纷纷采用股权激励的方式，为企业注入活力，也将激励对象同企业利益绑定，让人力资本成为企业发展的基石。但总有一些人陷入认识的误区，不懂得区分股权激励和股权福利的区别，将激励做成了"福利"，导致激励效果不如所愿。

其实，股权激励和股权福利针对的是企业发展中完全相反的两个方向。股权激励是面向未来的，股权福利是回望过去的，而且，股权激励是有偿获取的，股权福利是无偿获得的。

8.6.1 激励过去，还是激励未来

现代企业中，科学合理的激励包括三种形式——短期激励、中期激励和长期激励。

短期激励更多的是针对激励对象过往的贡献，采取固定月薪、绩效奖励或提成奖金等形式进行奖励。中期激励也是针对往昔贡献，只不过贡献更大，激励的时间更长一些。长期激励着眼于激励对象未来的发展，个体持有股权能否获利由企业的发展而定。

股权福利就是针对"过去式"的贡献，给员工以回报，稳定员工心态，但获得的股权仅与过去贡献挂钩，并未与员工未来的工作状况挂钩。如此，激励变成了福利，这样的激励实质上只起到工资奖金的作用。

在设计和实施股权激励前，企业经营者应先掌握股权激励的基本原理，切莫担心"民不患寡而患不均"，把股权激励做成股权福利。对于企业经营者来说，股权福利隐患太大，不但给出了"钱"，也给出了"权"，关键是还赚不到钱，也收不回权。实属得不偿失，不仅起不到激励作用，还会引发企业内部矛盾。

因此，企业在实施长期股权激励时，要避免将其做成和中短期激励一样仅回顾过去的贡献，从而将激励变成了奖励。

8.6.2 免费获得,还是有偿获得

股权激励与股权福利的另一个区别是有偿和免费。股权激励在任何时候都不是免费的午餐,需要激励对象付出一定的代价,代价包括能力代价、时间代价、精力代价、经济代价等。总之,想要获得股权激励,不仅要有过往的贡献做基础,还要有未来的贡献做保障,企业拿出的每一份股权都能在激励对象身上得到更高的回报,而激励对象也能从企业的逐渐壮大中得到更大的利益。

但很多企业经营者在进行股权激励时,有一股"梁山好汉"的气势,有酒大家喝,有肉大家吃,慷慨地拿出股份免费送给激励对象,然后满怀深情地说:"大家好好干,将来挣了大钱,还有更多的好处。"结果发现激励对象不仅没有感谢自己,没有跟企业一条心,反而处处算计自己的利益得失,要么觉得自己的所得与贡献不相符,要么整天想着怎么把股权兑现,要么患得患失,认为白来的总有一天还会被收回。

可见,股权激励千万不能做成人人有份的模式,因为最后一定会变成人人抱怨的结局。股权激励一定要体现出个人在企业中的价值,最好的方式就是通过积极努力的工作获得。人人都有表现自己的欲望,股权激励恰好能将人的这种天性激发出来。差异化和有偿性,能让激励对象最大限度地发挥自己的能力。

8.7 法律财税风险与防范

股权激励是现代企业制度的产物,帮助企业实际控制者解决了许多现实的问题。但因为股权激励涉及经济利益,若方案设定不当或实施过程中出现

错误，就会引发矛盾纠纷。有些可以不涉及法律层面就地解决，但有些却会涉及到法律层面，虽然能够通过诉讼解决，但毕竟对企业和个人都是极大的消耗。因此，在实施股权激励之前、之中和之后，都要做好法律、财税方面的风险防控。

8.7.1 法律风险与防范

富安娜家居用品股份有限公司（以下简称"富安娜"）在2007年6月通过了限制性股票激励计划，以每股净资产1.45元的价格向109名员工定向发行700万股限制性股票。

其中，富安娜常熟工厂的生产厂长曹琳，以1.45元/股的价格认购了5.32万股的股票（相当于原始股）。2008年3月20日，曹琳以公司股东的身份向富安娜出具了《承诺函》，亲承"自本承诺函签署日至公司申请首次公开发行A股并上市之日起三年内，本人得不以书面形式向公司提出辞职、不得连续旷工7日……若发生上述违反承诺的情形，本人自愿承担对公司的违约责任并向公司支付违约金……违约金为持有的股票可公开抛售之日的收盘价减去违约情形发生时上一年度每股净资产。"

2009年12月30富安娜在深交所上市。但曹琳从2010年7月1日起在未办理任何请假手续的情况下连续旷工，且再未到富安娜上班，自动离职。

事情发展到这里，如果没有那份《承诺函》恐怕富安娜公司要打一场旷日持久的官司了，因为想要理清楚股权激励前后公司和个人之间发生了什么，绝不是一件容易的事。而且，股权激励可以看成是"你情我愿"，现在一方不情不愿了，另一方也不便强求。但想要将后续事宜处理清楚，并不容易，而且没有赔偿约束，公司显然要承担更大的损失。但有了这份《承诺函》一切都不一样，"司凭文书官凭印"，何况还是一份具有法律效力的文书。

　　富安娜认为曹琳的行为违反了其《承诺函》中做出的承诺,导致公司对其股权激励目的无法实现,也给公司造成了名誉和经营上的损失。后公司将曹琳起诉至深圳市南山区人民法院,经法院审判委员会讨论决定,判决被告曹琳"于判决生效之日起十日内向原告深圳市富安娜家具用品股份有限公司支付违约金189.89万元及利息,如未按判决指定的期间履行金钱给付义务,将加倍支付延迟履行期间的债务利息,此次案件诉讼费用由被告曹琳全额承担。"

　　法院认可了这份《承诺函》的法律效力,支持了富安娜的诉讼请求。股权激励涉及股东与激励对象的权利义务关系(股权激励合同的签订、会计处理、个人所得税如何缴纳等),因此必须依靠相关的法律法规。

　　目前与股权激励相关的法律法规有:《公司法》《证券法》《上市公司股权激励管理办法》《证监会关于上市公司实施员工持股计划试点的指导意见》《关于国有控股混合所有制企业开展员工持股试点的意见》等,根据企业的性质选择合适的法律。

　　虽然有法律法规做依托,但股权激励仍然是很专业的事情,涉及大量专业知识,法律漏洞很多,处理不当极易导致纠纷。因此,在制定股权激励方案时,应找专业机构咨询,对方案进行把关、识别并排除潜在风险。

8.7.2 财税风险与防范

　　北京宝蓝德软件股份有限公司(以下简称"宝蓝德")于2016年5月申报IPO。但公司并不清楚自身存在一个巨大的利润隐患会导致IPO审核无法通过。宝蓝德在2015年确认了一笔2235.27万元的因股权支付产生的管理费用,而在2016年招股说明书中并未确认这笔费用。当后来确认后,公司净利润也由2638.28万元锐减到403.01万元。

之所以宝蓝德会产生如此大宗的股权支付管理费用，是因为未能正确选择股权激励的时间点。如果激励时间选在企业发展初期，直接选择实股的方式激励，行权价格相对较低，但因为此时企业价值不大，激励对象或许并不会接受。如果在临近IPO申报期实施股权激励，企业价值确实够大了，但激励对象以优惠价格行权购买股份会给企业造成支付压力，影响申报期利润水平。可见，为避免股份支付费用过大影响企业利润，企业应当合理选择激励的时间点和激励模式。

在此建议股权激励的实施应分阶段、分对象、对模式，提早筹划、尽快布局，在最恰当的时间实施，让股权激励机制有足够的时间发挥激励作用。

股权激励除了选择正确的时间节点外，还要有相应的法律法规做保障，将激励过程的财税风险降至零。国家财政部和国家税务局针对股权激励的财务处理出台了如下文件：《财政部、国家税务总局关于完善股权激励和技术入股有关所得税政策的通知》《财政部、国家税务总局关于股票增值权所得和限制性股票所得征收个人所得税有关问题的通知》《国家税务总局关于股权激励和技术入股所得税征管问题的公告》《国家税务总局关于股权激励有关个人所得税问题的通知》《股权转让所得个人所得税管理办法（试行）》《财政部、国家税务总局关于个人股票期权所得征收个人所得税问题的通知》《关于个人股票期权所得缴纳个人所得税有关问题的补充通知》等。

第九章
从失败案例中总结的常见问题

失败是成功之母,为了更好地实施股权激励计划,需要更多了解一些失败股权激励的案例,从中吸取教训,总结经验。在企业日后实施股权激励的过程中,能够更加正确、合理、科学的进行方案设计和实施。

9.1 考虑不周，涉面不够，股权激励事与愿违——苏宁

2007年1月29日，苏宁集团经过董事会审议，通过了第一次股权激励计划，拟授予34名公司高管人员2200万份股票期权，占公告日公司股本总额的3.05%。首次授予1851万份，行权价格为66.6元/股。但是，本次股权激励因行权条件过于宽松，最终未能获得监管部门的通过。

第一次股权激励计划胎死腹中。

2008年7月28日，苏宁通过公司公告对外发布了第二次股权激励计划。但与股权激励的鼓舞消息同步传进激励对象耳中的还有全球金融危机的不幸消息，激励对象的担忧变成了现实，苏宁因为世界经济形势的巨大变化，不得不在2008年12月30日对外公告，宣布终止此次股权激励计划。

第二次股权激励计划无疾而终。

2010年恰逢苏宁创建二十周年，特殊的时间必有特殊的政策，苏宁制订了面向未来十年的长远发展计划。其中，股权激励被视为这份二十周年工作计划的重要组成部分。

为什么苏宁要不遗余力的实施股权激励计划呢？

全部都是"人才惹的祸"。创立于1990年的苏宁，到2010年时，已经走出了一条"全品类经营+全渠道拓展"的新道路。但随着业绩的飞涨，企业的管理层团队、区域公司的负责人、优秀的门店店长——这些对企业发展有着重要作用的人尚未得到有效激励，高管和员工的薪资仿佛被下了咒语一般，始终处于较低水平。虽然这是零售行业无奈的现状，但苏宁高管团队平均7.11万元的年薪还是显得寒酸了很多，较低的薪酬直接导致了苏宁人才的

流失。而人才是企业发展的巨大财富，如何实施人才资源管理一直是苏宁经营管理战略的重要内容。于是，股权激励成了必须要实施的，只是实施的过程一波三折，连续出击，却连遭打击。

2010年8月25日，苏宁推出第三次股权激励计划草案，激励对象一共248位，是公司的高管和业务骨干，拟授予股票期权8469万份，占公司当时总股本的1.21%。该激励草案的股票来源是向激励对象定向发行股票，行权价格为14.5元/股，在股票授权日期五年内分四期行权，每期行权25%。

但是，激励计划实施的热乎劲还没过去，2010年年底激励对象中就有4人离职。2016年3月，本该是此次股权激励计划行权的日子，苏宁却对外公布第三次股权激励计划终止，且在有效期内无激励对象行权。

第三次股权激励计划宣告失败。

为什么会这样？问题的核心出在哪里？经过相关机构的分析，对于苏宁第三次股权激励失败的原因进行了如下总结：

（1）"一言堂"选出激励对象，缺乏合理性和合规性。这次股权激励对象的选择权掌握在苏宁实际控制人张近东手中，没有明确的选择标准，因此未能进入激励名单的员工感到不满，产生消极怠工心理。

（2）激励的涉及范围太小，起不到以点带面的作用。对于苏宁这样的大型企业，此前还从未进行过股权激励，只选出248名激励对象，显然太少了。不要说激励对象占全公司员工的比例，就是在管理人员中的占比也只有1%，如此低比例的激励难以促进企业效率和业绩的提升。

（3）激励计划的考核体系并不完善，考核指标过于单一。苏宁的股权激励考核条件的制定主要采用每股收益、净利润、销售收入等财务指标，工作态度和服务态度等非财务指标略显单薄，因此难以形成具有考核的规范。

（4）没能考虑市场因素，行权价格制定过高。苏宁的股权激励方案中，确定行权价格的决定因素是股权的行权价格不得低于股票收盘价和平均收盘价的较高者。也就是将股价作为行权价的唯一参考，但我国的股票市场并不能完全反映企业的真实价值。苏宁此次股权激励确定的行权价格为14.5元/股，但结合行业平均值来看，这个价格相对偏高，给激励对象造成了"跳起来也够不着"的感觉，难以激发激励对象的斗志。

通过上述分析可知，苏宁第三次股权激励的失败，主要是因为多个方面的考虑不周，制定出了并不具有激励作用的激励方案，无法得到有效实施是必然的结果。

9.2 重压之下的跟风股改必遭败绩——中联重科

将时钟回拨到 2012 年，中国经济增速降到又一个低点，全国大规模以上的工业增加值比上一年增长了 10.0%，但增速回落了 3.9%。由于宏观经济下行，我国机械制造行业的主要产品出现了大规模的产能过剩，行业利润率水平不断降低，到了 2012 年利润增长率为负值。

在行业乏力的大背景下，机械制造业的两大龙头——中联重科和三一重工，为了保持行业竞争优势，必须寻找提高企业利润和业绩的办法。

三一重工率先应对，在 2012 年 11 月 5 日推出了一份股票期权与限制性股票的股权激励计划，拟以 4.69 元 / 股的价格授予 1363 名员工 2279.79 万股股份。

对手已经出招，中联重科成为了被比较的对象，为保持竞争力，必须"迎难而上"，在 2013 年 2 月 26 日公布了本公司的股权激励计划草案。3 月 29 日，中联重科第四届董事会会议对草案中股票期权的激励对象、股权激励的成本计算和授予价格进行了一些修改，推出了草案修订稿，并获得通过。

显然，这是在老对手的逼迫下做出的反击，是一次被动的"叫板"。为了这次搏眼球的暗战，中联重科做好了打持久战的准备，但他们显然忽视了自身的致命弱势。

1. 盲目跟风，股权激励的时机选择不当

在经济放缓的宏观环境下，在行业普遍出现产能过剩的现实下，在相关上市公司业绩不同程度下滑的情况下，就因为三一重工推出了股权激励计划而盲目跟风，这是非常不理性的。与其说这种股权激励是为了激发员工，不如说是行业竞争之下的一种激进行为，抑或是长期竞争之下的惯性反应。

2. 忽视市场限制因素，行权价格和绩效考核指标设置不合理

在中联重科的激励计划中，首次授予的股票期权行权价格为8.9元/股，行权价格取决于激励计划公布前一个交易日的股票收盘价（8.18元/股）和激励计划公布前30个交易日的股票平均价（8.9元/股）的较高者。这种硬性规定下计算出的行权价格，既没有考虑行业整体下行导致的股票波动，也忽略了市场大环境变化所带来的负面影响。

当业绩指标与市场大环境割裂之后，必将导致制定的考核指标不切实际（通常为偏高），严重打击激励对象的工作积极性，使得股权激励方案难以推行。

现实是骨感的，在中联重科股权激励计划实施后，无论在企业营业收入还是净利润方面，不仅没有得到提升，还出现了滑坡。2014年与2013年相比，营业收入和净利润分别下滑了32%和84%。此种情况下，股权激励的解锁条件已然难以实现，股权激励计划宣告失败。

9.3 行权条件过松,管理层自谋福利——伊利

根据我国《上市企业股权激励管理办法(试行)》规定:上市公司用于股权激励的股票总数不得超过企业总股本的10%(不含)。也就是说,如果用总股本的9.999%股份用于激励,也属于合法。但这会给外界传递出很不好的信号,是不是企业经营出现了什么问题?不然怎么会以如此大的力度进行激励;或者是企业经营者是不是有什么企图?一次性拿出这么多股权用于激励(包括经营者自己)。

可见,一旦让外界有了这样的猜测,对企业来说势必会产生负面的影响。因此,很多企业在进行股权激励时,首先就是控制股权激励的总额度,其次控制个别对象股权激励的个体额度。但是,仍然有企业忽视这一点,在股权激励计划实施之后,除了为管理层谋求了更大利益外,激励目的丝毫没能达到。

2006年3月,伊利提出了八年股权激励草案,11月又公布修改后的正式方案。此次股权激励共授予激励对象5000万份股票期权,占公司总股本的9.681%,行权价为13.33元/股。2006年12月28日,为股票授权期授予日,此后由公司发行认股权证。

2007年11月21日,股票期权数调整为6447.9843万股,行权价为12.05元/股。公司的33名高管人员及骨干获得5000万份股票期权,其中董事长潘刚获得1500万份股票期权。

按照股权激励的普遍规律,激励对象的行权条件将捆绑企业经营业绩,伊利也是这样做的。行权的业绩目标为:①在首次行权时,公司上一年度的净利润增长率必须不低于17%;②上一年度的主营业务收入增长率必须不低

于 20%；③首期以后行权时，伊利股份上一年度主营业务收入与 2005 年相比的复合增长率不低于 15%。

一切看起来都好像朝着正常状态发展，但其中却隐藏着极大的隐患。

1. 行权条件过于宽松，有故意为之的嫌疑

2006 年是首期行权的基数年，在股权激励方案正式出台时，2006 年的业绩尚未公布。公司高管有条件通过压低 2006 年的业绩来降低首期行权的难度。至于首期之后的行权条件就更加宽松了，仅要求满足主营业务收入增长 15%，这一增幅速度低于乳业行业的平均增幅速度。

但如果出现了万一怎么办？不管出于什么原因，主营业务增速无法达到 15%，还有继续行权的机会吗？当然有，因为行权条件中并没有针对净利润或净资产收益率指标进行限制，一旦出现万一的状况，通过"甩卖大促销"的方式，用实物换指标也能满足行权条件。

2. 公司治理结构不完善，股东大会流于形式

或许有人会疑惑，这样规模的大企业为什么会制定出如此耐人寻味的股权激励方案？原因出在伊利的高管层，高管们在全方位行使权力，股东大会的作用甚微。这就使得高管层可以不顾股东利益，做出偏向于自身的股权激励方案。

企业盈利能力的提高和经营业绩的提升，不只是高管层的功劳，而是企业所有成员共同的功劳。股权是稀缺的，不能轻易就波及到每个人，甚至要控制在一定的范围内，但如果激励范围过于狭窄，会加速拉大企业内部的贫富分化，导致高管层与其他管理层及员工之间的矛盾。伊利的股权激励恰恰触犯了这项禁忌，在高管层享受着高额股权带来的利益时，企业内部其他人员和中小投资者越发不满。

正因为如此，伊利在股权激励实施后，企业净利润与实施前的 2005 年相比，每年都大幅度下降，企业的每股收益也是连年下挫，2005 年 0.865 元 / 股，2008 年竟然是 –2.4 元 / 股。到 2009 年，伊利因连续三年亏损，在股市上被挂"ST（退市预警）"，股价跌入谷底。

9.4 设计缺陷，激励计划且行且失败——万科

万科是一家综合指标表现很好的房地产企业，长期位居行业龙头。能将万科推高至此，其清晰明确的管理体系功不可没。万科的管理体系分为三层——集团总部、区域总部、一线公司（见图9-1）。

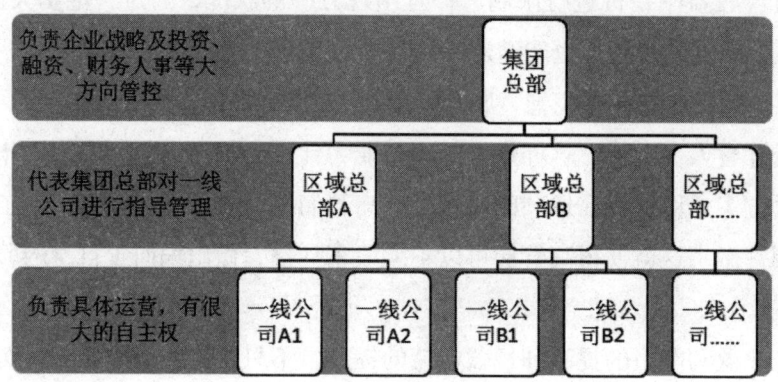

图9-1　万科的三层管理体系

显然，这样的体系有利于提升各部门间的生产效率，但万科的一个长期隐忧却影响着企业的运转，常引发集团总部与区域总部之间的代理竞争，同时也加剧了企业管理者与股东在收益分配上的分歧。

这个隐忧就是过于分散的股权。万科股权的分散程度在中国证券市场上极为少见，1993—1997年，万科最大股东持股比例一直低于9%，而2000年以前，万科前十大股东的合计持股比例还不到24%。

正因为股权分散，万科不得不实行大众持股，但这也导致了公司对股东

的约束力不够。而且，万科的高管团队并未持有公司股份，因此，经营权与所有权是完全分离的，导致经营者与所有者的利益无法统一。出现管理层为了自己的利益而损害股东利益或股东为了自己的利益而掣肘管理层的现象，也就不足为奇了。

无论是分散的股权结构所带来的矛盾，还是组织结构上出现的分歧，都需要一套兼具监督与激励作用的机制予以解决，股权激励就是最好的选择。

万科在股权激励的道路上走的十分坎坷，一共经历了三次。第一次因为得不到相关法律的支持而被迫搁置，第二次因为业绩未达到行权目标而无奈终止。但第二次股权激励让万科的管理团队得到了股东的身份，万科也成为第一家实施股权激励的主板上市企业。

时间来到了2010年，万科第三次推出股权激励计划，股票来源为定向发行新股，总数11000万份，占企业总股本的1.0004%。激励对象是838名管理层人员，占企业员工总人数的3.88%。2011年4月股权激励方案正式向股东大会提交，为期五年的新一轮股权激励拉开了序幕。

但令人意想不到的是，股权激励实施不到两年，就先后有3名副总裁和4名执行副总裁离职，而万科2010年公示的副总裁和执行副总裁一共才14名。高级管理人员的离开，不仅是企业的重大损失，还极易造成恐慌情绪。2011年和2012年，1649万份股票期权未能行权，占期权总份额的15%。2014年，万科的核心人员离职率已经超过了35%。实施股权激励的本意是为了稳住管理层，刺激企业业绩增长，却不料导致了管理层人员大量流失，万科的这次股权激励只能遗憾落幕。

那么，是什么原因导致万科第三次股权激励失败呢？

其实，与第二次股权激励失败的原因相同，都是激励方案的设计存在缺陷。第三次股权激励的股票来源是向激励对象定向发行股票。但这种方式真的得到了股东们的认可吗？如果他们担心自己所持的股份比例被稀释怎么办？如果他们不愿意冒风险行权怎么办？

此次股权激励中，时任万科执行副总裁的刘爱明获授220万份期权，看起来相当诱人,但若按行权价 8.89 元 / 股计算,刘爱明需要在四年内自筹近 2000 万元才能实现行权。而刘爱明从 2007—2010 年的累计年薪才 1200 万元。而我国相关法规明文规定,企业是不能在经济上对购买股权资金不充足的激励对象提供帮助的。如此庞大的金额,需要自筹完成,谁愿意冒着风险欠账行权呢!

由此可见,这种激励方案的设计基本上堵死了一些人行权的愿望,直接导致了一些行权无望的人离职。

试想,如果采用限制性股票的激励模式是不是好很多?激励对象只需要满足企业预先确定的条件,就能获得一定数量的企业股票。不仅为激励对象节省了大量的购股成本,还因为有条件的限制而对激励对象形成了约束,在条件满足之前不能擅自处置股票,只有在规定的条件达成后,激励对象方可出售企业授予的限制性股票,从中实现获益。

9.5 激励对象大变更导致激励瘫痪——朗姿

2011 年,对于朗姿来说是特殊的一年。这是服装行业整体呈下滑趋势的一年,也是传统线下销售模式遭遇线上电商大冲击开始的一年,还是国内服装企业开始产业资源整合和资本运作的一年,更是朗姿登陆中小板成功上市的一年。

有着"国内服装细分领域第一股"的朗姿,上市第一年就实现了营业总收入超 8 亿元,净利润超 2 亿元,同比涨幅 96.2% 的佳绩。在初尝资本市场的甜头后,朗姿高调推出第一次股权激励计划。

2012 年 3 月 26 日,朗姿召开董监事会会议,审议通过了《朗姿股份有限公司股票期权激励计划(草案)》及相关方案。两天后,草案正式对外发布。朗姿将授予激励对象259万股期权，预留26万股期权，行权价为35.4元/股。此次股权激励的对象包括4名高管和56名核心骨干及中层管理人员。其中，总经理助理李春仙19万股、副总经理兼财务总监郭旭11万股、副总经理及董事会秘书黄国雄11万股、副总经理张涵11万股，其他56名核心骨干和中层管理人员共计207万股，人均3.7万股。首个行权期为授权日开始后的24～36个月，行权数量占比为30%；第二个行权期为授权日开始后的36～48个月，行权数量占比为30%；第三个行权期为授权日开始后的48～60个月，行权数量占比为40%。

在朗姿高调开始股权激励的同时，同行中的伟星股份、凯撒股份和星期六，已经发布公告终止实施股权激励。原因是行业形势不乐观导致企业无法达成股权激励目标，而且，由于二级市场股价普遍低于行权价格，股价倒挂之下致使股权激励失去了实施价值。

由此可以预见，朗姿的第一次股权激励之旅注定不会顺利。果然，在股权激励正式实施后，朗姿的股价不断走低。2012年7月份就跌破了行权价，到12月13日股价已经跌至22.55元/股，距离行权价减少了36.3%。当股价远远低于行权价时，实施股权激励已经没有了意义。

其实，导致朗姿股价持续下跌的直接原因是公司经营业绩的后续增长乏力，虽然从2009年至2013年，朗姿每年的营业总收入不断上涨，但同比增长率却从2010年开始不断下滑。

对于朗姿前途的不确定和缺乏信心，再加上眼见股权激励行权无望，高管们纷纷选择离职。2012年5月14日，第一位激励对象离职，朗姿随后调整了股权激励方案。但随着激励对象中的三位独立董事的辞职，郭旭和黄国雄也前后离职。到12月13日，朗姿无奈宣布终止实施股权激励计划。

当初朗姿在股权激励草案宣称："股权激励计划对于维护公司团队的稳定性和战斗力尤为重要，有助于维护管理团队和核心骨干的稳定性，激发起工作热情和战斗力"，最后却在高管层巨大的变动中终止，很令人唏嘘。

9.6 "造富梦"下的全员持股，激励和约束双输——乐视

通常的股权激励方案中，极少有企业会采取全员持股的方案，并且通常方案中会对如何进入股权激励范围有相当严格的规定。之所以全员持股被刻意回避，主要是因为潜藏的风险巨大，而且激励效果欠佳。人人都有，就相当于人人都不满足。

但是，总有"明知山有虎，偏向虎山行"的勇士，向来以"颠覆"著称的贾跃亭，就凭借全员持股的"造富梦"，再次颠覆了常识。

2015年11月18日，乐视控股集团宣布，拿出原始总股本的50%，对员工进行激励，实施全员持股计划。

既然是全员持股，进入的门槛是非常低的，只需满足三点：①在上一个考核期绩效为B及以上的正式员工；②对乐视生态文化/价值观/愿景高度认同；③在职期间无重大违规、违纪、贪腐等行为。

可以看出，上述三项要求等同于没有，乐视全体员工都符合进入要求。同时，员工不需要为股权激励出资一分钱，而且离职后还可以带走一半。

正是由于涉及的人员范围之广、股权总量之大、获取到手之易、离去限制之松，乐视此次股权激励被称为"史上最慷慨"。但是，这样让人心惊肉跳的股权激励计划却又那么可望而不可及，因为股权激励的兑现要等到乐视控股上市，而乐视控股预计在2022年实现IPO。虽然预估出上市后市值将达到1.7万亿元（员工人均身价将达到8000万元），但因为时间跨度太长，期

间存在着很多变数，任何一次引入新资本都有可能击碎贾跃亭的"梦"。

果然，变数紧随其后就到了。因为乐视是多元化战略，业务战线拉得太长，当初设计的可盈利的多元节点，如今成了一个个资金黑洞（见图9-2）。

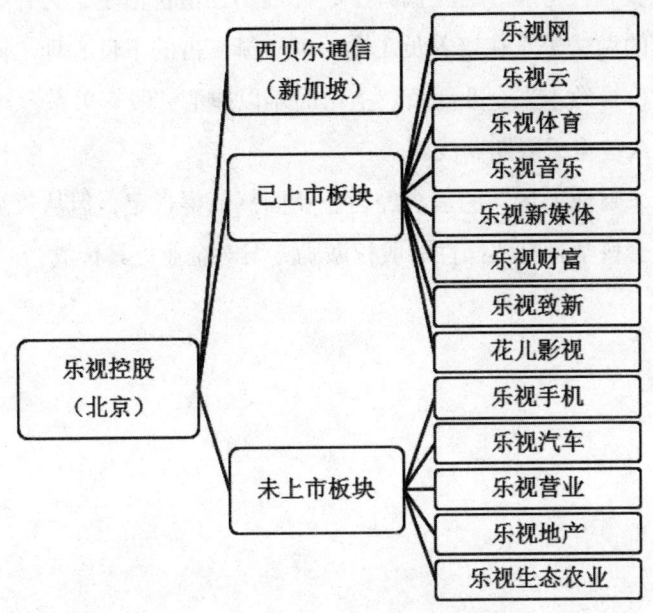

图9-2　乐视的业务构成

曾经，因为风投主动寻找风口投资，乐视的各项业务很容易找到大量资金。但随着风投热潮退去，乐视的烧钱扩张模式不再受青睐，加上本身缺乏真正盈利的业务，乐视的资金链越发绷紧。为了继续拿到大笔投资，乐视控股选择以股权做交换。

2017年1月，乐视控股将乐视网持有的乐视致新10%的股权和鑫乐资产（乐视员工的持股平台）持有的乐视致新15%的股权，共计50亿元卖给融创中国。但股权转让所得资金26.48亿元并未归员工所有。

当初，贾跃亭的慷慨确实一度赢得了员工的热情和敬意，但如今贾跃亭失信了，他打造的全员持股计划必然作废。

在决定进行股权激励之前，作为企业经营者必须要明白一个道理，股权激励的范围并非越大越好。"二八理论"已经告诉我们，20%的人创造了80%的价值，企业应该把股权分给那些创造主要价值的人员。

让离职员工带走股权可以用荒唐来形容。在企业之内，激励对象给企业创造价值，就有权持股，若是离开了，已经不创造价值了，为什么还有资格持股？这样的做法等于在培养员工贪、懒、挪、占的不良心理。而且，离职员工带走股份导致未来企业融资、上市时难以厘清"股东关系"，导致融资、上市迁延日久甚至无限期搁浅。

期望以"财散人聚"的理念经营企业固然值得肯定，但从长远发展的角度来看，一套科学且有实操性的股权激励方案对企业更具价值。